○ 石俊志 著

# 中国货币法制史话

ZHONGGUO HUOBI FAZHI SHIHUA

中国金融出版社

责任编辑：赵天朗
责任校对：孙　蕊
责任印制：程　颖

**图书在版编目（CIP）数据**

中国货币法制史话（Zhongguo Huobi Fazhi Shihua）/
石俊志著. — 北京：中国金融出版社，2014.1

ISBN 978-7-5049-7228-6

Ⅰ.①中… Ⅱ.①石… Ⅲ.①货币法—法制史—中国
—古代 Ⅳ.①D922.285.2

中国版本图书馆CIP数据核字（2013）第286910号

出版
发行　**中国金融出版社**

社址　北京市丰台区益泽路2号
市场开发部　（010）63266347，63805472，63439533（传真）
网上书店　http://www.chinafph.com
　　　　　　（010）63286832，63365686（传真）
读者服务部　（010）66070833，62568380
邮编　100071
经销　新华书店
印刷　天津市银博印刷技术发展有限公司
尺寸　140毫米×203毫米
印张　8.875
字数　182千
版次　2014年1月第1版
印次　2014年1月第1次印刷
定价　35.00元
ISBN 978-7-5049-7228-6/F.6788
如出现印装错误本社负责调换　联系电话（010）63263947

# 目录

# 第四辑 ｜ 纸币

目
录

## 第五辑 │ 谜案探踪

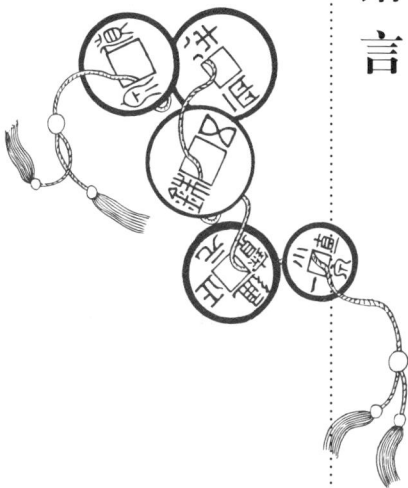

二〇〇七年夏天，我辞去渤海银行总行副行长职务，进入中国社会科学院开始研究中国货币法制史，迄今已历六年之久。在此期间，我在中国金融出版社出版了几本关于中国货币法制史的专著。这几本著作涉及金融理论、历史考证、古代法条，并援引了许多文献典籍中的文字，对于多数读者来说文字艰涩难懂。责任编辑仲垣女士建议我写几篇通俗史话，以帮助读者进一步了解中国货币法制史研究的状况。于是，我开始在《金融博览》及其他一些杂志上发表史话文章，至今汇总起来竟然有数十篇之多，欣喜之余，就将它们编成这本书。

中国货币法制史借助货币学、法学、史学学科交叉的方式，深入探讨货币理论，包括货币起源、货币本质、货币演变规律以及法律在货币发展过程中起到的重要作用，通过对中国古代各王朝货币法制状况的分析，总结各王朝采取的货币法规、货币政策所产生的政治、经济影响，探索各王朝盛衰兴替的经济原因。

通过从法律制度的角度进行观察，我们可以将中国古代的货币分为两种，一种是法定货币，另一种是非法定货币。中国古代的法定货币又可以分成两类，一类是称量货币，另一类是非称量货币。法定的称量货币主要有黄金和白银，它们依靠自身的价值和法律的保护行使货币职能。法定的非称量货币主要有铜钱和纸币，它们依靠朝廷的信用和法律的保护行使货币职能。中国古代的非法定货币种类很多，主要有布帛和粮谷，它们是中国古代历代朝廷收租课税、支付官俸、发放军饷和赏赐臣子、战士的主要手段，也是历代朝廷财富储藏的主要内容。更重要的是，布帛和粮谷还是民间自发形成的价值尺度、流通手段、支付手段和储藏手段。但是，非法定货币的流通，不在法律管辖之内。因此，中国古代的非法定货币不属于货币法制史研究的范畴。货币法制研究的主要内容是法定货币，特别是法定非称量货币，即铜钱和纸币。

中国古代的铜钱大体上可以分成两类，一类是纪重钱，另一类是通宝钱。中国古代全国统一流通的纪重钱，主要有半两钱和五铢钱两种形态，其面文极其简单，半两钱只有"半两"二字；五铢钱只有"五铢"二字，所以能够跨越朝代持续流通。中国古代全国统一流通的通宝钱可以分为三种主要类型：一是唐代的开元通宝钱，二是宋代的年号钱，三是明清两代的制钱。通宝钱面文复杂多样，不再铭文重量，而是铭文朝廷年号或国号或吉语，并加之"通宝"或"元宝"或"重宝"等字样。

中国古代官方发行的纸币主要有五种类型：北宋的交子、南宋的会子、金国的交钞、元朝的宝钞和明朝的大明通行宝钞。中国古代最早出现的官方发行纸币是北宋的交子。交子本由四川民间百姓发行，用来代替铁钱流通。百姓发行交子难以持久，发行者不久财衰，交子不能兑现，就发生了诉讼。朝廷下令将百姓发行的交子收归官营，以朝廷财力支持交子的流通和价值的稳定，就形成了官方发行的纸币。交子被收归官营，朝廷制定了四项相关法规制度：一是发行限额制度；二是发行准备制度；三是定期界兑制度；四是流通区域限定制度。在如此完善的制度下，北宋交子的价值十分稳定，有效地支持了北宋商品经济的发展和繁荣。北宋末期，宋徽宗为了攻打西夏而大量增发交子，使交子的流通数量远远地超过了法定的限额，结果引发了严重的通货膨胀。于是，宋徽宗改交子为钱引，以增加百姓对纸币的信心。但是，没有等到纸币的价值稳定下来，北宋王朝就在金国的军事打击下灭亡了。宋徽宗的儿子赵构在江南建立了南宋王朝，当地百姓发行纸币会子。赵构将会子收归官营，会子便成为南宋王朝官方发行的纸币。此时，攻占了北方中原地区的金国已经开始发行交钞。金国发行交钞，没有实行发行限额制度，且采用钱钞兼行，钞制混乱。到了金国晚期，朝廷发行交钞数量过大，出现了严重的通货膨胀，导致了金国的经济崩溃。趁此机会，南宋王朝联合蒙古国攻打金国，将金国消灭。宋朝大臣吴潜在总结金国灭亡的原因时说："金人之毙，虽由于鞑，亦以楮轻物贵——其末也，百缗之楮，止可以易一面，而国毙矣。"他的意思是说，金国灭亡的直接原因是由于蒙古的攻打，但其中也有纸币贬值的原因。金国末期，十万文纸币只能买一碗汤面，在这种经济崩溃的情况下，金国就灭亡了。宋蒙两国联合击灭了金国之后，蒙古国立刻发动了攻打南宋的战争。随着蒙古大军的南下，南宋王朝统治的地区越来越小。中统元年（公元1260年），忽必烈

在北平即位大汗。当年，忽必烈发行了蒙古政权自己的纸币——中统宝钞，同时禁止黄金、白银和铜钱作为货币流通。于是，中统宝钞成为忽必烈统治地区唯一合法流通的货币，元朝从此确立了单一纸币流通制度。朱元璋率领红巾军赶走了蒙古侵略者，建立了大明王朝，开始发行大明通行宝钞。但是，明王朝没有实行纸币发行限额制度，纸币发行数量过多，不久就发生了严重的通货膨胀，结果百姓不再使用纸币。正统元年（公元1436年），明英宗下令解除白银之禁，白银一跃成为主要的流通货币，铜钱则成为白银货币的辅币，明清两朝的银两货币制度从此确立。

中国古代的纸币依靠朝廷的信用行使货币职能，大家普遍都能够理解。中国古代的铜钱依靠朝廷的信用行使货币职能，却是一件比较费解的事情。

秦始皇时期的《金布律》和西汉初期吕后颁布的《钱律》是中国古代最早的铜钱货币立法，我们发现其中包含了三项基本原则：一是禁止百姓铸造铜钱；二是禁止百姓销毁铜钱；三是百姓不得拒绝接受朝廷铸造的不足值铜钱。中国古代最早时期铜钱货币立法的三项基本原则，确立了铜钱的信用货币性质。朝廷可以依靠本身的信用，铸行不足值的铜钱，并依靠法律的力量，使不足值的铜钱按照法定价值行使价值尺度和流通手段的职能。

铜钱的信用货币性质，使中国古代各王朝获得了通过调节铜钱轻重大小来实施货币政策以实现其财政目标的能力。金银是称量货币，依靠自身的价值行使货币职能，所以朝廷不能通过减少金银重量来扩大货币流通量。铜钱依靠朝廷的信用行使货币职能，所以朝廷可以通过减少铜钱重量来增加铜钱的铸造数量，从而扩大货币流通量。当朝廷对铜钱实行减重，减到无可再减的程度时，就发行虚币大钱，以一换多地收回市场上流通的减重小钱，使铜钱的减重过程在新铸虚币大钱的基础上继续下去。朝廷将铜钱减重和铸行大钱的措施交替使用，就使铜钱的信用化过程具备了可持续性。随着朝廷对铜钱实施减重措施，铜钱的铜金属货币性质不断削弱，而其信用货币性质便不断增强。

朝廷运用铜钱实施货币政策，主要发生在纪重钱流通时期，即自秦汉至隋唐时期。汉文帝的臣子贾山说："钱者，亡用器也，而可以易富贵。"[1]贾山认为，钱是王者的统治工具，用来调节社会财富的再分

[1]《汉书》卷五一《贾山传》，中华书局，1962年版，第2337页。

配。贾山的思想对后世货币立法及货币政策影响深远，中国古代各王朝均运用货币政策手段，调节社会财富的再分配。唐高祖李渊铸行开元通宝，纪重钱制度转为通宝钱制度，铜钱的性质有所变化。此后，宋金纸币流通逐渐广泛，铜钱作为实施货币政策手段的功能便逐步地被纸币所替代。到了元代，出现了单一纸币流通制度，纸币就完全取代了铜钱，单独地承担起实施货币政策手段的功能。

中国古代的货币立法，不仅赋予铜钱信用货币的性质，而且使铜钱具备了通货膨胀和通货紧缩的能力。通货膨胀是指社会货币流通总量大幅度增加，超过了市场的客观需求，而引起的货币购买力的急剧下降。许多现代学者认为，通货膨胀是与纸币流通有着密切联系的经济过程。因为只有在纸币流通的条件下才可能出现通货过多并从而引起纸币贬值的现象。在金属货币流通条件下，过多的铸币会自发地退出流通形成宝藏，因此不会发生通货膨胀。这一学说，对19世纪欧洲流行的金本位货币制度是符合的，因为金本位货币制度规定了百姓自由铸造黄金铸币的原则，所以铸币过少时可以通过百姓铸金为币而得到增加，铸币过多时可以通过百姓毁币为金而得到减少，从而使铸币总量自发地符合市场的需求。但是，中国古代的铜钱在全国统一流通的初始就确立了三项货币立法原则，百姓在铜钱过少时不能使用铜金属铸造铜钱，在铜钱过多时也不能将铜钱销毁为铜金属，所以不能形成铜钱总量适应市场需求的自发性调节机制。铜钱在中国古代多次出现过通货膨胀，严重时一石米可以卖到一万枚铜钱。铜钱在中国古代也多次出现过通货紧缩，严重时百姓卖儿卖女，换取铜钱来缴纳朝廷的税赋。然而，正是这三项货币立法原则的确立，使中国古代各王朝能够通过运用铜钱铸行和调节铜钱轻重来实施社会财富再分配。法律禁止百姓铸钱和毁钱，又规定各级官府和百姓都不能够对朝廷铸造的轻重大小不等的铜钱进行选择，这就给朝廷铸造的铜钱赋予了不足值流通的能力。于是，朝廷可以通过铜钱减重或铸造虚币大钱，将社会财富部分或大部分收敛到统治者手中。但是，过度地使用货币手段从民间敛财，会引发严重的通货膨胀乃至社会经济衰退甚至社会动荡。然而，正是统治者运用货币手段敛财的冲动，结合商品经济发展的大潮，推动了中国古代货币形态的发展和变化。

中国古代铜钱的信用货币性质与纸币的信用货币性质相同，铜钱和纸币只是制造材料不同，并无本

质上的区别。澄清了这一点，我们就可以在当前纸币流通条件下，研究和制定货币法规和货币政策时，充分地借鉴中国古代各王朝货币法规和货币政策的经验，避免中国古代历次出现的由于货币法规和货币政策制定失败而造成的经济危机和社会动荡的灾难在当今社会重演。

半两钱是中国古代首次实现全国统一流通的钱币形态。

半两钱流通时期，货币立法逐步形成。关于半两钱的法律，目前我们见到有秦始皇时期的《金布律》和西汉初期吕后颁布的《钱律》。这些法律是中国古代最早的货币立法，我们发现其中包含了三项基本原则：一是禁止百姓铸造铜钱；二是禁止百姓销毁铜钱；三是百姓不得拒绝接受朝廷铸造的不足值铜钱。半两钱流通时期货币立法的三项基本原则，确立了半两钱的信用货币性质。朝廷可以依靠本身的信用，铸行不足半两的小钱，并依靠法律的力量，使不足值的铜钱按照法定的价值行使价值尺度和流通手段的职能。

朝廷垄断半两钱铸造的法律制度，曾经两次被打破：一次是在楚汉战争期间，刘邦为收买民心而允许百姓铸造小钱，自己也乘机大量铸造小钱用来采购军用物资，并通过使用小钱跨境采购来扰乱敌占区的经济，从而获得了战争的胜利；另一次是在西汉初期，汉文帝允许

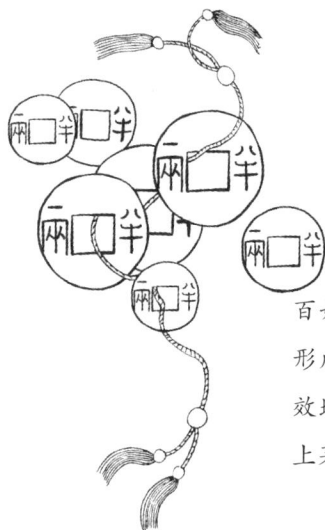

百姓自由铸造铜钱，采用了官督民铸的方式，形成了货币流通总量市场自动调节的机制，有效地促进了商品经济的发展，造就了中国历史上著名的文景盛世。

汉武帝即位之后，立刻发动了攻打匈奴的战争。汉匈战争持续了十年，造成西汉王朝财税枯竭。汉武帝发行虚币以解财政危机，用白鹿皮币掠取贵族的钱财，用白金三品掠取百姓的钱财。不料，百姓大规模盗铸白金三品，钱法大乱，爆发了严重的通货膨胀，半两钱制度终于崩溃，五铢钱制度代之而起。

# 一、喜和《金布律》
## —— 一个小人物的操守和一个帝国的命运

公元前221年，秦灭六国，一统天下。两千年来，古今中外历代学者对这个强大王朝无不表示出难以抑制的研究热情。然而，不知是否真如传闻所言，西楚霸王的一把大火焚烧了华丽的阿房宫连带也毁灭了秦经世伟业的记录。总之，这个影响后世至深的帝国，身后留下的文献资料却乏善可陈，让这个距离我们遥远的帝国增添了更多神秘的色彩。

## 喜的"横空出世"

1975年，在湖北省云梦县的一段铁路边上，人们发现了一座装满竹简的古代墓葬。这座墓葬里面，安葬的正是我们的主人公——喜。

喜可不是什么大人物！任何一本历史书里恐怕都看不到有关他的记录。但是，这个小人物在他死后两千年"携带"着秦国之所以强盛的"秘密"，出现在我们的面前。

在喜的墓葬中，除了尸骨外全部都是竹简：头下枕的、头两边放的、身上覆盖的、手里按的、脚下踩的，全部都是竹简！这些竹简共计 1155 支，大多记载的是秦国的法律，也有一小部分是他的自传，从这里，我们才得以了解喜的生平。

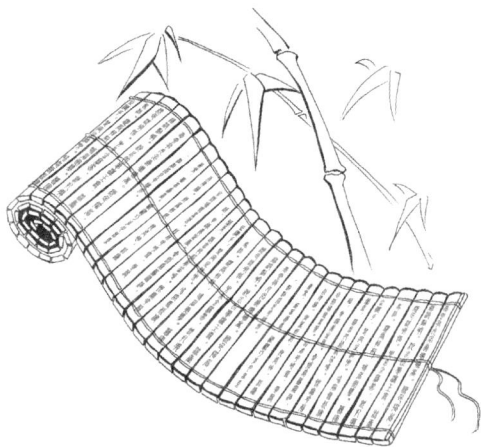

【秦律竹简】

喜出生于公元前 262 年（秦昭王 45 年）冬，他一生并无特别之处：从十九岁参加工作，除了投笔从戎的经历外，到四十六岁卒于任上，一直是个干法律工作的"小公务员"。但是，他工作认真，善于记工作笔记，在随葬的竹简中记录了相当丰富的法律内容。这些文献被历史学家们奉为至宝，成为研究秦国历史最直接的证据，从中可以梳理出秦国走向强大的制度原因。

## 惊世发现《金布律》

秦在当时，军事的强大不可一世。亚历山大的军队不过五万，罗马军团强盛时也不过几十万人，而秦身处农业文明的时代，军队规模受到补给的直接限制，却能够组织起百万大军连续多年征战，这显然构成了各路学者研究的重点。

军事的强大，相伴的必然是政治和经济的强大。在喜的随葬竹简中，人们发现了中国最为古老的货币立法文献——《金布律》十五条。从《金布律》中，经济史学家们从货币经济的角度解读了秦得以强大的原因。

根据喜的生平记载，专家们推断：在秦统一六国前夕，《金布律》已成为秦国管理货币运行的主要法律。

《金布律》规定，麻织的"布"在战国晚期的秦国是法定货币。百姓在购买商品时，不得拒绝"布"作为货币使用。这是麻织的"布"在中国古代曾作为法定货币的最权威、最直接的"证据"，让后世人们了解到"布币"鲜为人知的真相。这个在多数现代人眼里稀奇的经济现象，终于在此得到了还原。


## 麻织的"布币"

战国时，棉布还没有出现，平民以麻布或葛布为衣料，只有王公贵族才能够穿丝帛材料制成的衣服。战国晚期，秦国就将用麻织成的平民百姓普遍使用的衣料，规定为法定的流通货币，在秦国境内流通。

《金布律》记载着当时法律对布币的诸多要求。一是布币的货币单位。法律规定布币的货币单位为"布"。二是布币的标准形制。"布"货币的标准形制，为长八尺，宽二尺五寸。战国晚期的秦国，一尺相当于现代二十三点一厘米，换算过来，当时秦国布币的大小为现代的大约一平方米。三是布币的质量。

如果布的质量不好，或者形制达不到法定标准，就不能作为货币流通。四是布币与铜钱的比价。布币与当时流通中的另一种法定货币——半两钱的比价是一布法定兑换十一枚半两钱。五是布币的法定地位。布币与其他两种法定流通货币——黄金和半两钱具有同等的法律地位。在商品交易中，任何人都不能拒绝使用布币。如发现有人拒绝使用布币，相关官员要对其进行处理，否则连带官员一起都有罪。

【抱布贸丝】

## 秦国为何用"布币"

战国晚期的秦国，实行的是半两钱、黄金和布币三种货币并行流通的货币体系。

半两钱体小量轻，形制规整，用来对商品、劳务或者债务进行标价，非常方便，百姓使用起来也最为便利，在当时的货币体系中处于核心地位。

黄金是贵金属货币，以"镒"为单位，多被用来进行大宗商品交易、朝廷收支和朝廷赏赐。由于黄金价值高贵，仅一小块儿也具有较大的价值，如果把它造成铸币，难以对日常交易商品进行标价和使用，所以黄金没有铸币形式，都是大大小小一块儿一块儿的。人们使用黄金进行交易时，需要用秤进行称量。黄金货币的主要作用是充当大额支付手段、储藏手段和世界货币。

相对半两钱和黄金，布币缺乏优势：在日常交易中，布币又重又大，不如半两钱使用起来方便；在大宗交易中，布币的价值远低于黄金，不便于计价支付。

既然如此，秦国为何将布币规定为法定流通货币呢？

铸造半两钱的原材料是铜。秦国当时缺少铜矿资源。中国古代西北及中原地区的铜矿资源极为匮乏，铜矿产地集中在长江中下游地区，采铜业也随铜矿分布于此。自商周时期起，中原政权为了获得铜材就不断对南方地区进行侵略和掠夺。及至战国，秦国所需的铜材也基本上依靠从楚国"进口"。然而，随着秦灭六国步伐的开启，秦与楚国的贸易往来受到了极大的限制，加之后来连年的战争，铜作为重要的战略物资，一方面被原产国保护起来，使秦国难以通过正常渠道获得；另一方面，秦国又将铜材用来制造战车、武器和盔甲等军事器械，消耗数量巨大。这样一来，铜材在秦国更为稀缺，"巧妇难为无米之炊"，秦国铸造半两钱的数量受到了限制，商品交换出现了货币供给不足的问题。于是，秦王朝下令用麻织的布来充当货币，补充到短缺的货币流通中。

这一招还真是高明，朝廷没花一分钱，没动用多少人，就靠一个法令，便轻松地解决了货币流通总量不足这件大事。

但是，布币还存在着一个更大的缺点，就是在流通中容易磨损，所以难以长期保持其质量。《金布律》规定，如果布币的质量不符合法定标准，就不得作为货币流通。因此，布币在交易中出现磨损，或者形制达不到要求，就丧失了原来的名目价值，也不能与半两钱或黄金保持稳定的兑换比价关系，很难独立保持其货币职能。

不过，布币虽有种种不便，但对于繁荣当时秦国的商品经济，为军队不断补充给养，起到了非常重要的作用。秦王朝用法律规定了布币的法定货币地位，促进了布币的生产，一石两鸟，既生产了有使用价值的商品，同时又获得了法定流通的货币，结果使秦国的市场商品总量、货币流通总量乃至社会总需求呈现了同步、持续地上升，极大地增强了秦国的整体实力。

## "布币"寿终正寝

通过大规模的战争，秦国于公元前221年统一了天下，获得了对长江中下游地区铜矿的控制。于是，秦王朝大铸铜钱，使铜钱数量剧增，严重地冲击了布币的流通。同时，丝织帛的生产出现了突飞猛进的发展，逐步替代了大部分麻织布的日常使用，麻织布的生产渐渐萧条。此后，随着秦地的法律逐渐向全国推广，秦王朝将外圆内方的"半两钱"统一为全国通用的货币，布币便逐渐地退出了历史舞台，还原为其本来的商品属性。

自此，半两钱便开启了中国此后绵延两千年的"方孔钱"在全国范围内流通的时代。喜在《金布律》竹简中向后人"讲述"的秦国故事，从此被黄土掩埋起来，直到近代喜的出土，才将历史的真相重新展现在我们的面前……

# 二、秦始皇与半两钱

—— 中国首次实现全国统一流通的钱币形态

公元前221年，秦始皇灭六国统一天下，即下令统一法度，书同文、车同轨，统一度量衡，并废黜了各诸侯国流通的各种钱币，将战国时期秦国流通的半两钱，确立为全国统一流通的钱币形态。

## 圆形方孔的半两钱

秦始皇确立全国统一流通的半两钱，是圆形方孔的铜钱，俗称"孔方兄"。综观我国货币史，自秦朝至清朝两千一百多年皇帝专制时期，圆形方孔铜钱流通贯穿始终。圆形方孔铜钱成为定制在全国范围内流通，应归功于秦始皇统一全国政权，以及统一全国的货币制度。

其实，圆形方孔铜钱产生的时间要比秦始皇统一全国货币制度的时间早得多。从现有的考古发现看，圆形方孔铜钱在战国时期已有流通，主要的流通区域分布在齐国、燕国和秦国。齐国属于刀币流通区，主要流通的钱币是刀币，即形似小刀的青铜钱币，货币单位是"化"，每刀一化。到了战国晚期齐襄王复国（公元前283年）之后，齐国开始铸行圆形方孔的铜钱，铭文"賹化"、"賹四化"、"賹六化"等。近代考古发现，齐国圆形方孔铜钱与刀币往往同时出土，说明两种钱币在一定时期是并行流通的。燕国在战国晚期属于刀币布币并行流通区，但也铸行了圆形方孔的铜钱。现有考古发现燕国铸行的圆形方孔的铜钱铭文"明四"、"明化"、"一化"等，数量比齐国圆形方孔钱少些。据考古分析，燕国铸行圆形方孔铜钱的时间比齐国要晚。秦国属于西方诸侯国家，靠近魏国、韩国布币流通区。布币是一种形似铲状的青铜钱币，表面铭文铸造地名和货币单位，地名类别繁多，货币单位主要为"釿"。魏国、韩国也曾铸行过圆形的铜钱，但其形态却是圆形圆孔，货币单位是"釿"或"两"。受魏国、韩国的影响，秦国在战国早期流通过圆形圆孔的铜钱，货币单位是"两"。秦惠文王二年（公元前336年），秦王朝正式开始铸行半两钱，便采用了圆形方孔的形态。因此，与东方齐国相比较，秦国铸行圆形方孔铜钱的时间更早。由此推论，圆形方孔铜钱最早产生在战国时期的秦国，秦始皇统一全国货币制度时成为全国统一流通的钱币形态。

秦国地理靠近韩国、魏国布币流通区，在其正式开始铸造铜钱时没有采用铲形的布币形态，而是铸行了圆形，其原因可能是为了仿照周钱。在各诸侯国中，秦国是后起之秀，地位低下，商品交换经济起步也比较晚。但是，越是出身不好，越是要以正统自诩，秦国在确定钱币形态时便直接地仿照了周朝的钱币形态。

战国时期秦国铸行的圆形方孔的铜钱便是半两钱，始铸于秦惠文王二年，即公元前336年。秦惠文王即位之后，做了几件大事。首先，他杀掉了商鞅，加强了自己的独裁。其次，他转变了称号，不再使用秦公的称号，而是自称秦王。为了此事，楚国、韩国和赵国皆派员前来祝贺，甚至周朝天子也派员前来祝贺。第三，他开始铸行钱币。秦惠文王铸行钱币，是秦王朝首次铸行钱币。在此之前，秦国境内也有钱

【秦墓兵俑】

币流通，但均不是秦国朝廷铸造，而是境外流入的，或是民间铸造的十分不规范的各类钱币。秦惠文王始铸钱币，正是后世流通的半两钱。半两钱铭文"半两"，法重半两，圆形方孔，朝廷垄断铸造，受法律保护流通，具有无限法偿能力。法律规定，百姓交易用钱时，不得拒绝接受这些由朝廷铸造的、体轻量小或质量恶劣的半两钱。

## 全国统一货币制度

随着秦国大军横扫天下，半两钱的流通区域不断扩大。当秦始皇自信已经实现了天下统一的时候，他就废黜了各诸侯国

的各种钱币，只允许半两钱和黄金作为货币流通。

及至秦，中一国之币为二等，黄金以镒名，为上币；铜钱识曰半两，重如其文，为下币。而珠玉、龟贝、银锡之属为器饰宝藏，不为币。然各随时而轻重无常。[2]

从此，我国古代钱币流通就形成了全国统一。

上述司马迁所讲的话包含了两层含义：一是秦始皇废黜了各诸侯国的货币，统一为秦国一国货币；二是秦始皇废黜了各种类型的货币，统一为黄金和铜钱。至于珠玉、龟贝、银锡等金属，仅作为饰物及财富贮藏，法律禁止其作为货币流通。秦始皇将秦国的半两钱向全国推广的行动获得了显著的效果，结果是刀、布、圜、蚁鼻各类青铜钱币退出了流通，半两钱迅速蔓延到全国。半两钱的推广是在强有力的法律支持下进行的。秦朝法律的特色是轻罪重罚、法网严密、酷刑繁杂、实行连坐，虽然冷酷无情，但其效率之高是可以想见的。

秦始皇统一全国货币意义深远。首先，统一货币是巩固封建皇帝专治的重要手段，有利于中央集权统治。第二，统一货币是发展封建经济的必要措施，促进了商品交换经济的发展和生产的发展。第三，统一货币对后世货币制度影响久远，圆形方孔的铜钱形态，延续了两千一百多年，直到清朝灭亡建立民国，这种圆形方孔的铜钱才逐步地退出了流通领域。

## 朝廷垄断半两钱的铸造

秦始皇在统一全国货币制度之前就已经实施了禁止民间铸钱的法令。睡虎地秦墓竹简《封诊式》中讲了这样一件事情：某村甲、乙二人捆绑了丙、丁二人来告官，说丙盗铸钱币，丁协助铸造，并提供了丙、丁铸钱使用的钱范和新铸造的一百一十枚铜钱。这说明，秦律中存在有禁止民间铸钱的法令，出现违法行为时，百姓有告发的责任和义务。《封诊式》中没有讲述对私铸钱币及协助者的惩罚办法。但是，我们知道西汉王朝在公元前186年颁布的《钱律》中规定民间私铸钱币者及协助者都是处以死刑。公元前186年西汉王朝颁布《钱律》，距睡虎地秦墓竹简随葬时间事隔三十一年，从文献记载和出土文物情况分析，相关法律并无重大变化。由此推断，秦及西汉初期法律对民间私铸钱币的打击都是非常严厉的。西汉王朝采用了执行死刑的打击办法。考虑到秦朝重刑主义轻罪重罚的立法精神，相信秦朝对待民间私铸钱币者的惩罚一定也是十分严酷。铸钱存在铸造利益，朝廷垄断半两钱的铸造权，民间铸造属于私铸或者盗铸，侵害了朝廷的利益，自然会受到十分严厉的惩罚。这种情况在我国古代皇帝专治历史的各个时期，一直作为一种常态而存在。

## 半两钱轻重无常

秦代的半两钱，大小厚薄轻重不等，美恶混杂，依靠朝廷的信用和法律的强制行使货币职能。正如前文转引司马迁所言："各随时而轻重无常。""各随时而轻重无常"指的是什么？从司马迁所言上下文来看，似乎只是讲：不再作为货币的珠玉、龟贝、银锡等物，各自的价格随着市场的变化而波动。然而，也有学者将其解释为铜钱的轻重随时变化。无论司马迁所说的"各随时而轻重无常"是否意指半两钱，根据近代考古发现的情况看，秦半两钱确实存在着大小轻重不等的现象。考证钱币出自秦代墓葬或窖藏的案例很多，比较可靠的是 20 世纪 70 年代到 80 年代在秦始皇陵区考古活动出土的半两钱。这是一些时代明确、材料科学有据的秦代半两钱。从中我们发现，每处出土半两钱无一例外地存在着大小厚薄轻重不等，美恶混杂的特点。譬如，1978～1979 年，秦始皇陵区出土半两钱最多的是鱼池村秦始皇陵临建设施的发掘，出土半两钱五百四十枚，这批钱大多是中型半两钱，直径 2.64～2.83 厘米，重 2.20～6.01 克（3.3～9.1 铢）。其中大钱重量相当于小钱重量的大约三倍。再譬如，1980 年，秦代咸阳宫遗址出土一批窖藏半两钱，据报道称是秦末战乱窖藏的半两钱，应该也比较可靠。这批半两钱共二十五公斤，出土时，盛在陶瓮中。这批半两钱直径 2.5～3.6 厘米，重 2.70～8.06 克（4.1～12.2 铢），其中大钱重量相当于小钱重量的大约三倍。此类情况比比皆是，无一例外。宋杰先生说："秦朝是否实行过大、小钱并行的制度，现在仍是一个谜。"[3]

从出土的秦半两钱来看，各批半两钱均是美恶混杂，大小轻重不等。出现这种情况的原因有三：首先，秦朝统一天下之后，

---

[3] 宋杰：《中国货币发展史》，首都师范大学出版社，1999 年版，第 75 页。

继续沿用战国时期秦国的旧钱。战国时期秦国的钱币较大，秦统一天下之后钱币的规制重量下降了，因此造成秦代新旧大小钱币混合流通的局面；第二，由于秦朝廷垄断铸币权，每次铸币时，朝廷根据当时货币需求量及青铜储备量的不同，规定了不同的大小轻重规制；第三，秦《金布律》规定："百姓市用钱，美恶杂之，勿敢异。"[4] 法律规定大、小钱混合流通，收付双方皆不得在其中进行选择。分析这三个原因，法律支持劣币流通，应是近代发掘秦半两钱呈现大小混杂现象的主要原因。

【秦代长城】

[4] 睡虎地秦墓竹简整理小组：《睡虎地秦墓竹简》，文物出版社，1978年版，第55页。

# 三、刘邦铸行榆荚钱
## ——大汉王朝在黎明前的黑暗

........................................................

　　大汉王朝开创了中国皇帝专治社会的第一个鼎盛时代，对后世影响至今犹存。即使这样一个伟大的王朝，也同样是通过战争建立，让百姓惨遭战火的荼毒。

　　秦朝末年苛政横行，民怨四起，人民奋起抗争，反秦战争频频，加之后来的楚汉战争，造成土地荒芜、人口锐减、生产停滞、物资匮乏。为了抢夺物资并收买人心，汉王刘邦下令废黜秦代禁铸钱令，允许民间百姓自由铸造小钱，结果造成钱币滥恶、物价暴涨，人民陷入更深的苦难。百姓被剥夺得一无所有，在战争中流离失所，或死于战乱，或死于饥荒，活下来的人们在黑暗中期盼着黎明的到来。

........................................................

## 军民齐铸榆荚钱

　　秦朝以暴政闻名，刑罚极其严酷，百姓的赋税和徭役负担相当沉重，人民生活在水深火热之中。秦初，六国灭亡不久，幸存的六国贵族后裔活动在民间，到处煽动反秦情绪。秦始皇去世后的第二年，即公元前209年，以陈胜、吴广为代表的农民大起义爆发了，各地反秦武装力量也随之纷纷形成，刘邦在沛县起义，项梁在会稽郡起义。公元前206年，刘邦率军攻入关中，挺进霸上，秦王朝投降并灭亡。反秦战争刚刚结束，楚汉战争又起，各路军阀混战，举国皆兵，青壮年

【斩蛇起义】

在战场上厮杀，老弱者去运输军用物资，人们几乎都不从事生产活动，因此物资极度匮乏。公元前205年，刘邦命令百姓铸造小钱，以解燃眉之急。

刘邦命令百姓铸造小钱，以两个"冠冕堂皇"的借口为幌子。一是秦朝严刑酷法甚多，其中朝廷垄断铸币权，不准百姓私铸，私铸者处死，便是秦朝暴政之一，理应推翻；二是秦朝铸造的钱币太大，使用起来不方便，改铸小钱使用起来更为方便。

刘邦的"深明大义"很得民心，他的法令执行得也很顺利。然而，谎言终究是谎言，经不起事实的拷问。明眼人一看便知，刘邦的钱显然是不够花了，将秦朝的大钱销熔更铸为小钱，可以将大变小，将少变多，名义货币量就会多起来，这一做法可

以让刘邦捉襟见肘的财政困难得到改善。另外，铸造小钱还可以扰乱"敌占区"的经济秩序。小钱流入"敌占区"，既可以换取物资支持战争，又能够造成"敌占区"的物价上涨，使"敌占区"的经济秩序变得混乱。为了达到这个目的，刘邦的军队也大量地铸造小钱，解决军费开支不足的问题。于是，就出现了军民一起铸造小钱的局面。

刘邦的如意算盘果然算得精准，一举多得的妙招大获成功。"敌占区"的物价大涨、特涨、疯涨！每石粟米的价格达到了一万铜钱。百姓没法儿活了，纷纷投奔汉王刘邦。汉王那里有米吃，同去！同去！刘邦的人马急剧膨胀。刘邦的部队虽然一次次被项羽打败，但是又一次次集聚起来，最终搞得项羽四面楚歌，在乌江自刎。

刘邦下令更铸的小钱就是后世人们所说的榆荚钱。"榆荚"只是人们对小钱的象形称谓。这种钱的表面并不铸铭"榆荚"，而是依旧铸铭"半两"字样。这种小钱的重量只有 2 克（3.1 铢）[5] 左右，远远不及"半两"（12 铢）的重量。不过，秦朝的半两钱也并非足值铸币，重量已减至 8 铢左右，榆荚钱只是在秦朝减重半两钱的基础上进一步减重的品种。

据史书记载，刘邦下令所铸的小钱为"荚钱"，并非"榆荚钱"。《史记·平准书》载："汉兴，……于是为秦钱重难用，更令民铸钱，一黄金一斤。"[6] 当时铸的钱叫什么，此处并未明确说明，但至后文："至孝文时，荚钱益多，轻。"[7]

---

【行榆荚钱】

说明刘邦下令更铸小钱时并未将其命名为"荚钱"，而是此后百姓以其薄小形似榆荚而形象地称为"荚钱"。因此《平准书》记述其初铸时未提"荚钱"，直到汉文帝时期民间才开始流行"荚钱"的称呼。秦末的减重小钱和汉末的减重小钱都不是"榆荚钱"。"榆荚钱"应是对刘邦下令所铸小型半两钱的专称。

## 铜钱也会通货膨胀

从定义看，通货膨胀是经济中货币流通总量大幅度增加，超过了市场的客观需求，而引起的货币购买力的急剧下降。许多现代学者认为，通货膨胀是与纸币流通有密切联系的经济过程，只有在纸币流通的条件下，才可能出现通货过多而贬值的现象。在金属货币流通条件下，过多的铸币会自发地退出流通形成宝藏，因此不会发生通货膨胀。这一论断，对19世纪在欧洲流行的金本位货币制度是正确的，因为当时的金本位货币制度确立了百姓自由铸造铸币的原则，市场中存在有货币流通总量自动调节机制。但是，中国古代的纪重铜钱不具备在流通总量过多时自发地退出流通领域的功能，它们通常都不足值，具有相当程度的信用货币性质。譬如，半两钱表面铸铭"半两"，即十二铢，但秦代流通中的半两钱一般只有八铢左右，西汉文景盛世降低至四铢左右。中国古代纪重铜钱的信用货币性质是法律赋予的，即法律确立了朝廷垄断铸币权的原则，禁止百姓铸造及销毁铜钱，并强制百姓接受朝廷铸造的轻小钱币。因此，中国古代的纪重铜钱是依靠发行者——朝廷的信用以及法律的强制进入流通的。纪重铜钱购买力下降时，百姓不得将铜钱熔化为铜金属；纪重铜钱购买力上升时，百姓也不得将铜金属铸造成为铜钱。此外，纪重铜钱也不会自发地退出流通形成宝藏。纪重铜钱的币材是青铜。与黄金相比较，青铜是贱金属，人们一般不会将铜材作为宝藏，而是直接储藏黄金或铜钱。铜钱购买力下降时，人们更不会将铜钱熔化成铜材保藏起来，也不会将购买力下降的铜钱保藏起来，而是像现代人们对待贬值的纸币一样，将购买力下降的铜钱尽快地花出去，换取实物储藏，从而减少自己的损失。这种行为会使流通中的铜钱变为"热钱"，加快了铜钱的流通速度，并进一步扩大了铜钱的贬值程度。所以，中国古代的纪重铜钱不存在社会总量由市场自动调节的机制，并且在历史上多次地发生严重的通货膨胀。

刘邦下令铸造小钱便引发了严重的通货膨胀，粟米的价格涨到每石一万枚半两钱。正常的生活秩序已经无法进行下去，人民陷入饥荒，只有参加到战争中去才能得以生存。于是，青壮男人都去打仗，老弱者都去运输战争物资，生产几乎完全停滞，战争消耗剧烈，天下财尽物竭。根据《汉书》的记载，当时已经出现了人吃人的现象，死亡的人数超过了人口总数的一半。由于物资匮乏，就连皇帝也搞不到四匹同色的马来拉车，文武官员搞不到马匹只好使用牛车，百姓则衣不遮体，食不果腹。然而，战争还在继续，消耗着为数越来越少的物资和人民的生命。


## 铸币权还得归朝廷

公元前202年，项羽兵败，自刎于乌江。刘邦终于称雄天下，登基做了皇帝。过去的天下是人家的，将敌人的地盘搞得越乱越好！如今四海之内都成自己的了，刘邦要认真治理一番了。

公元前199年，战争全面结束，社会出现了初步的稳定，刘邦着手整顿经济秩序。针对商人囤积居奇，扰乱经济秩序的现象，要严厉打击。刘邦下令，商人不得穿丝绸衣服，不得乘车，不准入齐民编户，不得做官。刘邦还下令加大商业税收，打击商业经营，从此确立了大汉王朝重农抑商的基本国策。

刘邦又恢复了秦朝禁止民间铸造钱币的法令，铸币权还得归朝廷，民间私自铸钱将会受到严厉的惩罚。刘邦在战争期间放开民间自由铸钱，在战争之后禁止民间铸钱，两项政策都是正确的。所谓"此一时彼一时"，英雄顺势而为。

自公元前205年刘邦解除铸钱禁令，允许民间自由铸钱，至公元前199年恢复禁止民间铸钱的禁令，民间铸钱的时间不过六年。而刘邦充分利用了这短短的六年，成就了自己的霸业。前三年刘邦与项羽作战，打得项羽乌江自尽；后三年刘邦扫荡各路军阀残余，让自己坐稳了江山。此时社会初现稳定，生产逐步恢复，需要重建经济秩序，铸造钱币的利益也日益凸显，刘邦果断地恢复了秦朝禁止民间铸钱的"暴政"，扭转了战时通货膨胀的局面，稳定了经济秩序。

黎明前的黑暗终于过去，百姓恢复了和平生活，大汉王朝如同朝日，冉冉升起，逐渐呈现出昌盛与辉煌。

# 四、吕后和《钱律》

## —— 中国古代第一位女政治家颁布的货币法规

　　吕后，名吕雉，是西汉开国皇帝刘邦的妻子，刘邦称帝时被封为皇后。吕后是汉初政治舞台上极为重要的人物，堪称中国第一位女政治家。

　　公元前195年，刘邦去世，吕后的儿子刘盈即位，是为汉惠帝，朝廷权力掌握在吕后手里。汉惠帝十分短命，做了7年傀儡皇帝就病死了。吕后将刘盈与宫女所生的孩子刘恭立为少帝，自己以太皇太后的身份临朝称制，直接行使皇帝的权力，成为中国古代第一位有实无名的女皇。吕后在临朝称制后的第二年，颁布了一部法律，名为《二年律令》，其中包括《钱律》。

## 汉墓中的《钱律》

　　1983年12月，考古人员对湖北省江陵县城西南的江陵砖瓦厂内的汉墓（张家山二四七号汉墓）进行了发掘。这是一座土坑土椁墓，除其他随葬品外，还有一部《历谱》，记载了汉高祖五

【西汉吕后】

年（公元前202年）至汉高后二年（公元前186年）的事件。根据《历谱》可知，墓主人去世时间在汉高后二年（公元前186年）之后不久，由此也可以判断墓中出土的竹简，著作年代不会晚于公元前186年。

墓中竹简原置于竹笥中，卷束已经散开，从其堆积状况判断，安葬时各种书籍各自成卷，然后堆放在一起。依从上至下的顺序是：《历谱》、《二年律令》、《奏谳书》、《脉书》、《算术书》、《盖庐》、《引书》等，全部竹简共计1236支。

在《二年律令》简文中，有一枚简的背面，明文载有"二年律令"四字。《二年律令》的内容涉及律令二十八部，《钱律》便是其中一部。

## 保护劣币流通

《钱律》规定，钱币的直径达到0.8寸，即使有磨损，但只要上面的铭文可辨，不是断碎或铅钱，就可视为流通钱

中国货币法制史话

币。《钱律》还规定，金只要不是青赤颜色，就可视为流通黄金。拒绝接受流通钱币或流通黄金者，应接受处罚，罚金四两。

当时流通中的钱币大多应是高皇后二年（公元前 186 年）铸行的八铢钱。八铢钱铭文半两，法重八铢。根据对出土实物的测量，多数八铢半两钱重 5.0 ~ 7.0 克（7.7 ~ 10.8 铢），直径 2.6 ~ 3.1 厘米，体大而薄，通常无郭。

从钱币重量来看，西汉初期每铢折合现代 0.651 克，八铢钱应重 5.208 克，也就是说，出土的钱币实物表明，当时铸行的八铢半两钱，基本上达到了八铢的重量。从钱币大小来看，西汉初期每寸折合现代 2.31 厘米，《钱律》要求流通中的铜钱直径达到 0.8 寸，即 1.848 厘米。经过测量，出土的八铢半两钱，直径一般都能达到三厘米左右，远远高于《钱律》的要求。这说明，法律对钱币质量的要求并不高。比一般钱币直径小许多的钱币，或者是重量低于法定重量的钱币，都可以在法律的保护下进入流通。拒绝接受这些劣小钱币的人，要受到法律的制裁。看来，法律制裁的是那些拒绝接受劣小钱币的人，而不是制裁使用低于法定要求的钱币的人。

这一法律规定包含了三层含义：第一，法律保护劣币流通；第二，钱币是朝廷垄断铸造的，而朝廷是不受法律约束的；第三，法律对使用低于法定要求的钱币的行为予以纵容，对拒绝使用低于法律要求的钱币的行为予以打击。从该法条的立法意图来看，当时是出现了一定程度的钱荒，即由于商品交换经济的发展引发了流通中钱币总量不足的问题，所以法律采取了保护劣币流通和纵容低于法定要求的钱币进入流通的措施。

《钱律》规定了黄金只要不是青赤的颜色，就是法定流通黄金。当时，青赤颜色的金属指的是丹阳铜。秦汉时期的金有三等，黄金为上，白金为中，赤金为下。黄金是我们现代所讲的金；白金指的是银；赤金指的是丹阳铜。以铜伪充黄金，自然应被法律禁止。而黄金的成色不足，看来是可以进入流通的。如果有人拒绝接受这些法定流通的钱币或黄金，则将受到处罚，即罚金四两。四两金的价值在西汉初期约值两千多枚半两钱，是相当可观的一大笔钱了。

但是，与秦律相比较，西汉初期的《钱律》对于拒绝接受不足值劣币的处罚，似乎还是轻了一些。秦《金布律》规定，对敢于在钱币与"布"货币之间进行选择的人进行处罚，要对其列伍长和主管的吏实施连坐，一并处罚，而《钱律》只规定对违犯者处罚金钱，对其列伍长和主管的吏不予处罚。

## 禁止毁钱为铜

《钱律》规定，将法定流通的铜钱熔毁为铜或更铸为其他器物者，应按照"盗"的罪名实施处罚，即熔毁铜钱的数量和盗取相同数量价值的物品，在量刑上是一致的。譬如，盗取物品价值超过一枚铜钱或熔毁铜钱超过一枚，应判罚金一两；盗取物品价值超过六百六十枚铜钱或镕毁铜钱超过六百六十枚铜钱，应判脸上刺墨字并处以筑城舂米的徒刑。

《钱律》中的这一规定，进一步说明当时社会上的"钱荒"

状况。至高皇后二年（公元前186年），汉朝已经经历了大约二十年的和平年代，在朝廷休养生息的政策主导下，社会生产和社会财富都得到了大幅度的增加。但是，与此同时，流通中青铜铸币增加的数量却跟不上社会财富的增量，因而出现了钱币流通总量不足的问题。

在《钱律》法条中，还有一个有趣的现象，即所用数字均为十一的倍数。用十一的倍数作为法条中铜钱的数量标准，源于秦《金布律》中关于十一枚半两钱折合一单位布的法定钱布比价。经历了反秦战争和楚汉战争的长期动荡和铜钱减重的过程，又经历了西汉初期的经济恢复，很难想象实务中还能维持十一枚半两钱折合一单位布的比价。由此看来，《钱律》很可能借鉴了《秦律》的法律条文，维持了使用铜钱数量标准采用十一倍数的习惯。

## 打击民间铸钱

朝廷垄断钱币铸造权，民间铸钱被称为盗铸。《钱律》规定，对盗铸钱币的人要判处死刑，对协助盗铸的人也要判处死刑；对同居一户的父母妻子儿女及其他亲属没有能够告发，剃去他们的鬓须并处以罚款；地方负责人和连保人没有能够告发，地方官员

【长乐宫灯】

没有能够察觉，对其罚金 4 两。

铸钱可以谋利，民间穷困无奈，便铤而走险盗铸铜钱。因此，《钱律》对盗铸行为的打击十分严厉。《钱律》还规定，知道有人盗铸铜钱，帮助盗铸者买铜买炭等相关材料，或将盗铸的铜钱投入市场流通者，与盗铸的人同罪，也是判处死刑。

为了提高打击盗铸工作的效率，《钱律》规定了对于协助官府打击盗铸活动的鼓励措施。任何人抓获盗铸者或协助盗铸者死罪一人，都可以获得提高一级爵位的奖励，或者可以用此功劳去抵消对自己的其他罪罚。即"捕死罪一人，可以免除死罪一人；或免除筑城舂米徒刑者二人为庶人；或免除隶臣妾三人为庶人"。

《钱律》继承了秦律中自首从轻的刑法原则。盗铸者或协助盗铸者，如果能够协助官府去抓获其他盗铸者或协助盗铸者，若能首告并抓到罪犯，即能为自己除罪。

《钱律》还规定，对于谋划盗铸钱币并已经具备了器具，尚未实施盗铸者，也要判处最重的徒刑，即脸上刺墨字并处以筑城舂米的徒刑。知道盗铸者的谋划并为其准备器具者，同罪，也要在脸上刺墨字并处以筑城舂米的徒刑。这一法条，是战国时期秦国商鞅"刑用于将过"思想的延续。但是，《钱律》中对于预备犯或未遂犯的处罚比《秦律》还是减轻了一些。云梦睡虎地秦墓竹简《法律问答》载："甲谋遣乙盗，一日，乙且往盗，未到，得，皆赎黥。""赎黥"是秦律对一般盗窃的常刑，犯罪未遂与犯罪同等处罚。对比可见，《钱律》对预备犯罪的人进行的处罚要轻于对已经实施犯罪的人，即对盗铸者处以死刑，而对谋划盗铸者脸上刺墨字并处以筑城舂米的徒刑。

# 五、汉文帝放民铸钱

## —— 铜本位货币制度在中国古代的成功演练

谈到19世纪西方各国流行的金本位货币制度，持金属主义学说的货币学家们一直对其赞叹不已。金本位货币制度的核心内容是以黄金作为价值尺度和主体货币，非黄金的价值符号或辅币可以按其面额价值随时兑换为黄金；金本位货币制度的基本原则是金币由民间自由铸造，通过民间随时的铸造和熔毁，社会上的金币流通总量经常自发地适应于市场对货币流通总量的客观需求。中国古代没有典型的金本位货币制度，但是民间自由铸造铜钱的铜本位货币制度曾经发生在汉文帝时期，并且取得了巨大的成功。

## 开放民间自由铸钱

在中国历代皇帝中，汉文帝刘恒是个推动民族文明进步最有作为的皇帝，死后获得最高等级的谥号"文皇帝"，意思是"经纬天地"、"道德博闻"的皇帝。在汉文帝所做的历史贡献中，最令后世景仰的是他在法律上废黜了肉刑，中华民族从此向文明迈出了重要的一步。汉文帝实施轻徭薄赋、与民休息的政策，开创了文景盛世。汉文帝即位时，西汉王朝已经经历了大约二十年的休养生息，反秦战争和楚汉战争给社会造成的创伤已经得到了基本的康复，社会经济状况良好，但是流通中的铜钱劣小轻薄。于是，公元前175年，为了改变流通中铜钱劣小轻薄的状况，汉文帝下令开放民间自由铸钱。

【缇萦救父】

汉文帝开放民间自由铸钱的方式不同于过去刘邦所采用的方式。刘邦开放民间自由铸钱是在楚汉战争期间，当时天下并无共主。刘邦命令治下百姓自由铸钱，目的在于用钱来争夺敌占区的人力、财力和物力资源。刘邦对铸钱质量并无约束，于是流通中的钱币日益轻薄，形成了榆荚小钱流通的局面。汉文帝开放民间自由铸钱，是在西汉王朝统治已经实现稳定的环境下，采用了官督民铸的方法，目的在于使流通中轻薄的钱币转换成为符合法定标准的钱币。汉文帝时期民间所铸钱币，铭文"半两"，法定重量四铢，后世称为"文帝四铢"。为了保障民间铸造钱币的重量和质量，汉文帝采用了一套监督铸钱质量的方法，天平和法钱砝码被用来检查民间铸造钱币的重量是否合格。1975 年，湖北省江陵市凤凰山一六八号汉墓出土了"天平"和"法钱砝码"。同墓葬出土有简牍，经考证该墓葬下葬时间为汉文帝前元十三年（公元前 167 年）。因此，可以认定这套天平及砝码正是汉文帝时期的衡器。天平横梁刻有文字，大意是：里正为市阳户民和商人颁发了称钱用的天平，法钱为砝码，刻着"四朱"、"两"，编号第十。挑选轻重，及称量准确时拒绝使用，根据"黄律"要到里正处服行徭役十天。同墓葬出土的还有一枚环形砝码和一百零一枚四铢半两钱。环形砝码实重 10.75 克，折合西汉初期 16.513 铢，应该是检验四枚四铢半两钱合在一起重量的标准衡量器物。该批出土文物佐证了文献中关于汉文帝开放民间自由铸钱的记载，也证实了当时民间铸钱是由官府来监督其铸造质量的。

## 坚持开放铸钱不动摇

汉文帝开放民间自由铸钱，遭到贾谊和贾山的反对。贾谊认为开放民间自由铸钱是诱惑百姓犯罪。当时流通中的钱币劣小轻薄，汉文帝希望改变这种状况，要求百姓铸造符合法律要求的较大的钱币。但是，铸造较大的钱币得不到铸造利益，铸造者只有通过在铸钱中掺杂铅铁的方法才可能获利。铸造铜钱时掺杂铅铁是犯法的行为，要受到法律的制裁。因此，贾谊认为开放民间铸钱是诱惑百姓犯罪。贾谊反对开放民间自由铸钱的另一个理由是铸钱耽误农业生产，大家都忙于采铜铸钱，误了农事就要挨饿。贾谊并不是只说反对意见，他提出了一个解决问题的办法，就是由朝廷把铜金属材料控制起来。市场上铜钱多而轻贱时，朝廷收钱为铜，市场上铜钱少而贵重时，朝廷铸铜为钱。通过这种方式，朝廷随时调节市场上的钱币流通总量，从而使市场上流通铜钱的价值保持合理稳定。

贾山不同于贾谊。贾谊的思想十分活跃，不强调循规蹈矩，甚至提出了由朝廷控制铜金属材料的办法来调节货币流通总量的创新主张。而贾山则持保守思想，主张坚持成法，认为改变先帝法律是不对的。贾山批评汉文帝"变先帝法"，指的是汉文帝放民铸钱，改变了汉高祖刘邦关于禁止百姓铸币的法律，但是刘邦在楚汉战争期间也曾命令百姓自由铸钱。贾山的道理说不到点子上，于是汉文帝找人来问他有关更进一步的理由。贾山的回答是：钱币是君主使用的工具，可以用来改变人的贫贱富贵，是君主分配社会财富的手段，属于君主的权力，不可以与百姓共享。如果允许民间自由铸钱，百姓与君主共同享有这种权力，是不能够长久的。

【洛阳贾谊】

汉文帝没有接受贾谊和贾山的意见，坚持实施开放民间自由铸钱的政策，结果改变了流通中钱币劣小轻薄的状况，形成了钱币流通总量市场自动调节的机制，促进了商品交换经济的发展，对文景盛世的出现，起到了积极的推动作用。

## 钱币质量空前提高

汉文帝开放民间自由铸钱之前，流通中的半两钱轻薄劣小。汉文帝开放民间自由铸钱以后，由于法律规范了民间铸钱的形制，钱币质量大幅度提高。自战国时期秦国秦惠文王二年（公元前 336 年）始铸半两钱，半两钱的质量就开始出现问题。根据对出土战国半两钱的考证，半两钱铸行不久之后就发生了大幅度的减重，流通中的钱币大小轻重不等，差距悬殊。此后直至汉文帝公元前 175 年开放民间自由铸钱的一百多年时间里，流通中的半两钱始终处于大小轻重相差悬殊的状态。根据对出土的这一时期的半两钱的观察，各批同一墓葬或同一窖藏中的半两钱，均呈现大小轻重相差数倍的现象。这说明大小轻重相差悬殊的钱币在当时是混合并行流通的。为什么会出现这种现象？我们从湖北云梦睡虎地秦墓竹简记载的《秦律》和湖北江陵张家山汉墓竹简记载的《汉律》中找到了答案。秦、汉法律均保护朝廷铸造的劣质钱币的流通。如果各级官府或百姓拒绝接受劣质钱币，就违反了朝廷的法令，必将受到法律的制裁。所以，朝廷在各个不同时期铸造的钱币大小轻重不一，却能够混合并行流通，形成流通中钱币极不规范的局面。汉文帝开放民间自由铸钱之后，相关法律发生了截然相反的变化。法律开始强调百姓铸造钱币的形重必须符合规范。朝廷制造了检查钱币质量的天平及法钱砝码，禁止不符合标准的钱币进入流通。因此，汉文帝时期由百姓自由铸造的钱币质量空前提高，彻底地扭转了一百多年以来朝廷滥制半两钱币的局面。

钱币质量好、价值稳定，其使用时间就比较长久。半两钱始铸于公元前336年战国时期的秦国，当时各诸侯国使用各自不同种类的钱币。公元前221年，秦灭六国，废黜了各诸侯国的钱币，半两钱成为全国统一流通的钱币。自此至汉武帝元鼎四年（公元前113年）朝廷规定上林三官五铢钱为唯一合法流通的钱币时，全国统一的半两钱流通共持续了108年。在这108年中，汉文帝时期由民间自由铸造的半两钱流通时间长达56年，占全国统一流通半两钱整个时间中的多一半。"文帝四铢"能够长久地为市场所使用，自然有利于当时社会经济的稳定和发展。

## 社会经济得以发展

汉文帝时期的货币制度稳定，社会经济得以快速发展，这种情况一直持续至汉景帝末期。因此，史家将这一时期称为文景盛世。汉文帝放开民间自由铸钱不仅对社会经济发展产生了积极的影响，而且成功地实现了金属铸币的自由铸造。根据近代金融理论，自由铸造是金属铸币铸造的基本原则，它能够使超过商品交换所需的铸币通过被熔化为金属原材料而退出流通，也能够将金属原材料随时地铸成金属铸币，补充商品交换中所需货币总量的不足，从而形成货币流通总量市场自动调节机制，以满足商品交换对货币流通总量不断变化的需求。正是这种货币流通总量市场自动调节机制的形成，对汉文帝时期社会经济的发展，起到了一定的支持作用。

汉文帝放民铸钱，符合铜本位货币自由铸造的基本原则，并实现了铜钱流通总量自发地适应商品交换对货币流通总量不断变化的需求的市场自动调节机制。但是，当时的铜钱流通，并不是典型的铜本位货币流通。因为，当时并不存在依附铜钱流通的辅币。除了铜钱，当时流通的另一种货币是黄金，黄金作为称量货币流通与铜钱的比价并不是固定的，更不依附于铜钱，而是根据市场供求变化而随时变化的。

汉文帝死后，反对开放民间自由铸钱的主张在朝廷上占了上风。汉景帝时期，朝廷重新颁布盗铸钱令，民间铸钱者定为死罪，开放民间自由铸钱的政策就此宣告结束。

# 六、颜异反对发行白鹿皮币

## —— 因白鹿皮币招致杀身之祸的财政大臣

颜异曾任济南亭长，做过管理十个村子的小官。由于他做事廉正严明、兢兢业业，所以从最基层的工作岗位一步步被提升起来直做到大农令，成为西汉朝廷中位列九卿的重臣。汉武帝发动汉匈战争，搞得财政虚空，民间穷苦，税收来源枯竭，战争却还是在继续，于是，就在汉匈决战的当年，汉武帝发行了白鹿皮币，以每张四十万枚半两钱的价格卖给王侯宗室，得来的钱就用来赏赐战士和补充朝廷财政的不足。想不到的是，作为大农令的颜异对汉武帝发行白鹿皮币之事，不仅没有积极拥护，反而出言讥讽，以致招来杀身之祸，一代重臣殒命。

### 战争需要钱财

汉初，百废待兴，国家休养生息。汉初之后，社会经济发展，民富国足。公元前141年，刘彻继皇帝位，是为汉武帝。汉武帝雄才大略，即位后的最大举措，就是一改以往对匈奴的外交政策，变和亲为军事进攻，确定了消灭匈奴有生力量的战略目标。

多年的汉匈战争，使富裕繁荣的汉朝出现了财政虚空。公元前123年，十余万汉军再度出击匈奴时，由于国库空虚，税收来源枯竭，为了解决财政不足的燃眉之急，汉武帝下令卖官鬻爵，纳币赎刑，以供军饷及功赏之用。当时，汉王朝设置了一些专供换钱的官爵，叫做"武功爵"，每级十七万钱，总价三十多万斤黄金。这项政策搅乱了爵位和刑法，但是战争却没能平息下来，反而愈打愈烈。直至公元前119年汉匈决战，汉军大胜，匈奴有生力量被大大削弱，从此远遁，汉匈之间经历多年战争之后，才重新进入相对和平时期。

与战争同时发生的是水灾。朝廷将灾民迁徙到涵谷关以西，或人口稀少的朔方南边新秦中，迁徙灾民的数量高达七十多万，耗费大量的财物。战争与自然灾害的持续发生，使得国民经济陷入困境，而富商大贾却在乘机大发国难财。他们囤积居奇，买贱卖贵，从中获取暴利，将国民经济进一步推向崩溃的边缘。就在汉匈决战的这一年，即公元前119年，为减轻沉重的经济压力，扩大财政收入，汉王朝采取了虚币敛财政策，发行了白鹿皮币和白金三品，用来为朝廷换取钱财。

## 发行白鹿皮币

汉武帝与公卿们商议，决定更钱造币以支持财政，并且打击那些扰乱经济，以富噬贫的商人。"更钱"和"造币"分别

【皇苑白鹿】

指的是两件不同的事情。

"更钱"是指铸造白金三品。当时皇家库府中藏有许多银和锡，用银和锡混合铸造成钱，即为白金，用来兑换流通中的半两钱。白金三品指的是三种银锡合金钱，最大的重量八两，法定每枚换取三千枚半两钱，其余两种依次轻小，法定各可兑换五百枚和三百枚半两钱。

"造币"是指制造白鹿皮币。当时皇家苑囿中养着白鹿，杀鹿取皮裁成一尺见方，四周绣上水草文，每张皮币法定兑换四十万枚半两钱。白金三品和皮币都是朝廷用来收敛钱财的工具。但是，白金属于"钱"，可以充当商品交换中的价值尺度和流通手段；皮币属于"币"，其功能是作为礼品在贵族之间使用。

《说文解字》说："币，帛也。"注释中说："因车马玉帛同为聘享之礼，故混言之称币。""币"的初始含义是丝织品，即"帛"，是作为礼品使用的"帛"。"帛"作为礼品可

中国货币法制史话

能早于其他物品，因此"帛"被称为"币"。后来，随着社会的发展，车马玉帛均成为人们社会交往中的重要礼品，"币"的含义就扩大为礼品的总称。然而，到了周朝，"玉"作为礼品的价值被突出地显现出来，成为贵族之间往来使用的必需品。

"玉"作为礼品使用，是与其他物品相配合共同构成的"币"。《周礼·秋官·小行人》载：六种玉与六种物配合成为六种币，用来和好诸侯。圭配合以马；璋配合以虎豹皮；璧配合以帛；琮配合以锦；琥配合以绣；璜配合以黼。到了秦汉时期，《周礼》的制度早已经被人们废弃不用。

汉武帝发行皮币，目的在于使用皮币来收敛钱财，而皮币的实际用途仍然是贵族们使用的礼品，或者说是与"玉"相配合共同构成的礼品。为了使发行皮币出师有名，汉武帝朝廷的主管官员还引经据典，阐述发行皮币作为礼品的重要性和必要性。当时的主管官员说："古代的皮币，诸侯用来互相聘问和向上献享。"所以说，古代就有皮币，在礼法上非常必要，需要恢复。因此，朝廷的舆论倾向于师古复礼。在我国古代社会，复古的口号一向很得人心，具有很大的号召力。这种说辞是要人们相信，朝廷不缺钱花，只不过是要恢复古礼，匡正人心。这舆论造得冠冕堂皇，大家必须心服口服，认真执行，来不得半点含糊。

白鹿皮币如此重要，价格自然不菲，每张标价四十万枚半两钱。王侯宗室不买是不行的，朝见皇帝或聘问献享之时，必须用皮币垫着所有贡献的璧，才能够通行。

"璧"是一种扁平圆形中心有孔的玉器。根据《周礼》所述，"璧"需要与"帛"相配合共同构成礼品。汉武帝时期用白鹿的皮代替"帛"来配合"璧"作为礼品，目的在于提高这种礼品的价值。白鹿是稀有动物，当时属于"祥瑞"之物，人们捕捉了白鹿必须送到皇帝禁苑。所以，白鹿是皇帝禁苑的专养动物，属于珍稀品种，价值很高。为了打败匈奴，汉武帝不惜杀掉皇家专养的白鹿，可见下了很大的决心。

### 颜异被害殒命

白鹿皮币发行后不久，颜异就因反对发行白鹿皮币而被汉武帝杀害。

颜异是大农令，掌管国家度支，发行皮币收敛钱财理所当然属于颜异的职权范围。自秦始皇创建中央集权政治体制之后，以后数朝中央机构均采用"三公九卿制"，掌管国家度支者称治粟内史，掌管宫廷度支者称少府。秦时统一管理货币的机构属治粟内史。根据《汉书·百官公卿

【杀害大臣】

表》载，治粟内史是秦时的官职，有两丞，一个管粮食，一个管货币。秦朝设置了管理货币的官署，是在掌管国家度支的治粟内史属下。汉代掌管国家度支的仍然是治粟内史，汉景帝元年（公元前156年）更名为大农令，汉武帝太初元年（公元前104年）更名为大司农，掌管宫廷度支的仍然是少府。汉武帝发行白鹿皮币的事情发生在公元前119年，颜异作为大农令理应负责货币相关事宜。况且，发行白鹿皮币的目的是为了收敛半两钱支持战争，战争开支也是由大农令负责的。但是，汉武帝专断专行，无视国家制度，拉上御史大夫张汤就把这个事情给办了。张汤位列三公，官职比颜异高，自然也不把颜异放在眼里。

汉武帝在与张汤合谋发行了白鹿皮币之后，问起颜异的意见。颜异说："现在王侯向皇帝朝贺用的苍璧，价值不过数千钱，而垫着的皮币反倒要四十万钱，璧是主要的礼器，皮币不过是个陪衬，这样定价岂不是本末倒置？"汉武帝听了颜异的话当然很不高兴，准备寻机报复。

张汤对颜异的不配合态度，也同样很不高兴。张汤与颜异素有过节，经此事件，芥蒂更深。后来张汤为扳倒颜异，不断搜罗证据，可怜行事严谨的颜异，最终在张汤的迫害下，竟以"腹诽"的罪名被汉武帝处死，实在冤枉。

颜异位列九卿，被指责在肚子里面诽谤皇帝，惨遭杀害，对朝廷震动很大。颜异死后，再无人敢给汉武帝提意见了。汉武帝从此政令畅通，任何决定都无人反对。但是，白鹿皮币的发行显然对当时的半两钱制度起到了严重的破坏作用。几年之后，半两钱制度便全面崩溃，五铢钱制度代之而起。

五铢钱是中国古代流通时间最为长久的钱币形态。五铢钱的流通，跨越了两汉、魏晋南北朝、隋多个朝代，直到唐朝初期才被开元通宝所取代，历时七百多年。

五铢钱流通时期，中国古代的商品经济经历了从繁荣到衰退，再从衰退到复苏的演变过程，形成了历时久远，大起大落的经济周期。中国古代的货币法制，也就伴随着这种变化，出现了曲折的发展。

五铢钱制度建立之后，商品经济得以发展，贫富分化日益严重，土地兼并造成大量流民，形成了社会动荡因素，威胁着西汉政权的稳固，朝廷中实行社会改革的呼声日益高涨。于是，改革派中的代表人物皇亲国戚王莽篡权称帝，提出了"抑兼并，齐庶民"的主张。王莽掌权后首先实行的不是政治改革，而是货币改制。王莽的货币改制洗劫了所有的钱币持有者，其中包括富人，也包括穷人，钱币都流向朝廷，天下百姓均遭破产，王莽"齐庶民"的目标终于得以实现。但是，天下百姓都生活不下去了，

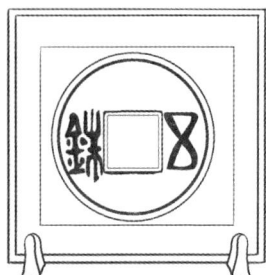

无奈举旗造反，将王莽斩杀于渐台。

东汉时期，商品经济继续上升，自战国以来的经济繁荣，至此达到中国古代第一轮城市商品经济发展的顶峰。随着贫富分化的加深，土地兼并问题日益严重，农民起义总爆发为黄巾起义。以镇压黄巾起义为名，各地军阀割据势力兴起，朝廷内部外戚与宦官的斗争却愈演愈烈，外戚大将军何进命令西凉军阀董卓率军进京镇压宦官。董卓进京之后，杀宦官、兴废立、焚宫室、迁都城，毁五铢钱更铸小钱，引发了严重的通货膨胀，五铢钱流通从此衰败。

军阀混战造成城市虚空，人口大减，坞堡兴起。各地区各坞堡之间，经济联系非常薄弱，商品经济全面衰退，形成了以坞堡为单位的自给自足的自然经济。魏晋时期，钱币流通不畅，人们主要采用以物易物的原始方式进行商品交换。南北朝时期，货币经济有所复苏。然而，在整个魏晋南北朝的四百多年中，五铢钱虽然继续流通，却一直没有能够恢复到两汉时期的繁盛程度。

# 一、张汤与五铢钱

## —— 皇帝身边的忠臣和百姓眼中的恶魔

在历史上，张汤的名气不小，这位被司马迁记载在《酷吏列传》中的御史大夫，少年时就显露出他的司法才干。及至成年，张汤不仅将其司刑苛法的才智发挥得淋漓尽致，也因其能够揣摩圣意，甚得汉武帝喜欢，最终官至御史大夫，位列三公。

汉武帝即位初期，好大喜功，野心不断膨胀，发动了历史上著名的汉匈战争。战争不仅改变了以后的政治格局，也对汉朝及以后的货币制度和经济发展产生了深刻的影响。强大繁盛的西汉王朝，经过十年对匈奴的血战，国库已经虚空，加之自然灾害巨大，经济终于难以支撑这辆巨型战车的前进。解决财政困难迫在眉睫，此时已官至御史大夫的张汤，陆续提出三项重大的币制改革措施，即发行皮币白金、实施废两改铢和铸行五铢钱，力图通过虚币敛财的方式，将民间财富集中到朝廷手里。

## 发行皮币白金

张汤提出的第一项币制改革措施是发行白鹿皮币和白金三品，用来收敛贵族和平民手中的半两钱。皇家苑囿中养着白鹿，杀鹿取皮裁成一尺见方，四周绣上水草文，每张皮币法定兑换四十万枚半两钱。白鹿皮币是王侯宗室朝见天子或聘问献享必须使用的物品，因此是收敛贵族半两钱的工具。而收敛百姓手中的半两钱，主要靠白金三品。"白金"是用皇室库存的银和锡合铸的钱币。白金的形制为圆、方、椭，应合天、地、人。币上花文亦分三种，天用文龙，地用文马，人用文龟。文龙的白金钱币重量八两，每枚价值三千枚半两钱；文马的白金钱币重量略低，每枚价值五百枚半两钱；文龟的白金钱币重量更低，每枚价值三百枚半两钱。由于白鹿皮币和白金三品的材料都出自皇室，属于皇家财产，而不是出自朝廷财政的"大农"，通过兑换收敛的半两钱自然归皇家所有而非朝廷财政所有。汉武帝得到这些钱，主要用于赏赐将士，掌控军队。而支持战争的开支，还要靠朝廷财政和地方财政来解决，因此，张汤提出的这项币制改革，虽然搜刮了上至王族宗亲的私人财产，下至黎民百姓的民脂民膏，仍然没有能够有效地解决战时财政的困难。

相反，虚币敛财的做法，更令民间经济遭受重创。百姓为谋生计，不得不铤而走险私铸"白金"，私铸"白金"人数多到以百万计，搞得朝廷

【酷吏审案】

杀也杀不过来。

## 实施废两改铢

张汤一计未成,又生二计——提议废两改铢。公元前119年,即发行白鹿皮币和白金三品的同年,朝廷颁布了废两改铢的法令。汉代的重量单位是一斤十六两,一两二十四铢。当时流通的钱币是半两钱,半两钱应重十二铢,实际上早已大幅度减重,汉文帝时期铸行的铭文"半两"的钱币,已经是法定四铢了。废两改铢在中国货币史上是件大事情,从此中国古代纪重铜钱从"半两钱"逐步转为"五铢钱",完成了纪重铜钱两大体系之间的转化。汉武帝时期发生的废两改铢并不是从"半两钱"一下子改到"五铢钱"的,而是经历了一个逐步改变的过程。最初出现的铢钱是"三铢钱",即铭文"三铢"的铜钱。张汤推行的废两改铢,是将过去铭文"半两"法定四铢的钱币更铸为铭文"三铢"实重三铢的钱币。熔毁半两,更铸三铢,其中可以渔利。但是,更铸三铢的实施主体不是朝廷,而是地方官府,朝廷只是采取了给政策的方式。战争造成朝廷财政匮乏,也造成地方财政匮乏。朝廷发行白鹿皮币和白金三品,虽然发行利益落在皇帝自家的腰包,但仍可用于赏赐战士,控制局势。然而,许多军事开支需要由地方官府支付,造成地方财政枯竭。所以,朝廷命令地方官府销毁半两钱,更铸三铢钱,从中渔利以减轻地方财政压力。但是,由于朝廷并没有从更铸三铢钱的措施中得到直接的经济利益,所以战争结束后不久,更铸三铢钱的法令就被废止了。


## 铸行五铢钱

　　张汤提出的第三项币制改革措施是铸行五铢钱。公元前118年，战争已经结束，西汉王朝经济千疮百孔，三铢钱的铸行引发民间盗铸，致使钱币流通滥恶，三铢钱与半两钱并行流通更使钱币流通与兑换出现了混乱。为了解决这些问题，张汤奏请朝廷命令郡国铸造五铢钱。但是，五铢钱的铸行是在三铢钱和四铢半两钱并行流通的基础上进行的，更铸较重的钱币需要加重成本，朝廷自然不愿承担这种成本，便将这种成本转嫁到郡国身上，命令郡国铸造五铢钱。此时，郡国的财政也十分困难，被逼无奈只得粗制滥造，所以郡国铸造的五铸钱质量非常糟糕。到了公元前116年，汉武帝谋财工商的政策取得了惊人的成果，朝廷财政状况出现了明显的好转，张汤奏请朝廷命令京师铸造钟官赤侧五铢钱。由于国库变得充盈，京师铸造的赤侧五铢钱质量精良。

　　不过，朝廷不会让自己吃亏，赤侧五铢钱法定以一当五，即一枚赤侧五铢钱可以换取五枚郡国五铢钱或五枚半两钱。通过铸行赤侧五铢钱，朝廷又发了一笔横财。为了保证一枚赤侧五铢钱可以换得五枚旧钱，朝廷规定赤侧五铢钱为唯一的法定纳税货币。

　　从发行皮币白金，到废两改铢，再到铸行五铢钱，由张汤推动的这三项货改，将自秦以来的半两钱制度最终推向了坟墓，代之而起的是五铢钱制度。

半两钱制度是一个划时代的制度。半两钱是中国历史上第一种在全国范围内统一的货币形态，是战国时期秦国以至秦代和西汉初期社会经济生活、商品交换活动最核心的价值尺度和流通手段。特别是在汉文帝及汉景帝时期，半两钱在当时商品经济迅速发展的过程中起到了极其重要的作用。公元前113年，西汉朝廷下令废除各种钱币，朝廷新铸的上林三官五铢钱被指定为唯一合法流通的钱币，半两钱便彻底地退出了流通领域，五铢钱制度从此正式确立。

【汉代美女】

## 张汤死而民不思

从政治和军事的角度来看，张汤推动的三项货币改制措施是成功的，它们达到了为汉武帝敛财以支持战争的目的。但是从经济的角度来看，张汤推动的三项货币改制措施却是失败的，它们致使国民经济濒临破产边缘。自公元前119年至公元前116年，短短的三年时间里，张汤密集地推出这三项币制改革，无不是为皇家和朝廷敛财，为此目的，不惜盘剥百姓，掠夺贵族，克扣地方。

张汤的这些做法，得罪了百姓，得罪了贵族，也得罪了郡国。于是，几个大臣联手诬陷张汤，决心置张汤于死地。大臣们报告汉武帝说，张汤有个朋友名叫田信，是个不法商人。张汤每次奏请皇上什么事情，田信立刻能够知道，因而囤积居奇发了财，利益与张汤平分。正在这个时候，赵王也上书告发，说张汤有个下级官吏名叫鲁谒居，张汤去鲁谒居家中探病，为鲁谒居按摩腿脚，大臣为下级官吏按摩腿脚，两人必定做了不可告人的坏事。汉武帝派酷吏赵禹来审讯张汤，酷吏遇见酷吏，其中事情不说也明白，张汤只好自杀了。

张汤是个清廉的官吏，他死的时候家境贫乏，无钱厚葬，有棺无椁。张汤又是个残暴的官吏，他帮助汉武帝虚币敛财，造成无数百姓违法致刑，死于非命。张汤不得民心，"张汤死，而民不思"，这就是司马迁对张汤的评价。

# 二、王莽的货币改制
## —— 中国古代最失败的社会改革运动

西汉后期，外戚家族纷纷兴起，轮番持掌朝政，王莽便是其中最著名的代表，他后来谋国篡位，改朝换代，为后世人所不齿。公元5年，汉平帝去世，王莽立汉宣帝的曾孙、年仅两岁的子婴为皇太子，号曰"孺子"，自己居摄做了假皇帝，篡夺了刘氏的天下。王莽做了假皇帝，开始实施社会改革，首先做的第一件大事就是货币改制。

## 铸行虚币大钱

王莽的第一次货币改制发生在居摄二年（公元7年），其改制内容是铸行了三种虚币大钱：错刀一枚法定兑换五千枚五铢钱；契刀一枚法定兑换五百枚五铢钱；大钱一枚法定兑换五十枚五铢钱，三种虚币大钱与五铢旧钱并行流通。通过铸行虚币大钱，王莽很快就将民间的五铢旧钱大量地收敛到朝廷手中。以大钱为例，一枚大钱法定重量仅十二铢，却可以换取五十枚五铢旧钱。熔五铢旧钱更造大钱，五十枚五铢旧钱是二百五十铢青铜，可以铸造二十枚大钱，二十枚大钱又可以换取一千枚五铢旧钱。如此熔销更铸兑换下去，一而千，千而百万，通过熔铸兑换，朝廷很快就把民间财富洗劫一空。朝廷的财力充裕了，实力增强了，王莽便废掉皇太子孺子婴，自己做了真皇帝。

## 铲除刘汉残余

【赤眉起义】

王莽的第二次货币改制发生在始建国元年（公元9年）。这一次货币改制的目的是为了铲除刘汉残余，令钱币的名称及铭文不再有"劉"字中"金"、"刀"的形迹。所以，王莽废黜了错刀、契刀和五铢钱，更铸"小泉直一"，和"大泉五十"。"小泉直一"法重一铢，"大泉五十"法重十二铢，同为青铜铸造，而兑换比率则是一枚"大泉五十"可以兑换五十枚"小泉直一"，显然兑换比率是不对的。百姓无法使用这两种并行的钱币，就暗地里使用旧朝的五铢钱。王莽发现大家不听话，就采取了惩治措施，将违禁的人发配到边境去。

然后，王莽正式启动了政治改革大业，打出了复古的大旗。王莽要恢复古代文明，要"抑兼并、齐庶民"，要实施土地国有和禁止奴婢买卖。王莽的观点与欧洲文艺复兴的思想有些接近，既有复兴的意识，又有人文主义的味道。要复兴古代"国给民富而颂声作"的局面，就要抑制土地兼并，使耕者有其田，田地均不得买卖；要给人以尊严，就要废弃奴婢制度，奴婢不得买卖。究其根本，土地兼并和奴婢买卖的原因，在于商品交换经济的发展，特别是货币经济的发展加快了贫富分化的进程。因此，王莽在货币改制方面就特别努力。王莽在其"称帝"前后的七年之内，居然实施了四次货币改制，平均不到两年就搞一次。

## "宝货制"的兴废

王莽的第三次货币改制发生在始建国二年（公元 10 年）。此时，王莽已经做稳了真皇帝的位子。这次货币改制的内容是实行"宝货制"，包括五物六名二十八品，其中金银铜钱多种多样，连同各类龟贝总共二十八种，各种货币之间比价莫名其妙、矛盾重重，搞得百姓眼花缭乱，无法记忆清楚。奇怪的是，如此烦琐复杂、比价矛盾的货币制度居然还维持了四年之久，直到天凤元年（公元 14 年）才被废黜。这四年期间，民间的商品交换大概只好采用以物易物的方式了。

王莽的第四次货币改制发生在天凤元年（公元14年），这次货币改制废黜了"宝货制"，改行"货泉"和"货布"。"货泉"圆形方孔，形似五铢，法重五铢，铭文却不是"五铢"，而是"货泉"，即横文两字，右"货"左"泉"。"货泉"与法定兑换五十枚五铢旧钱的"大钱"等值，规定与"大钱"并行六年，六年后既将"大钱"废除。"货布"的铭文也是横文两字，右"货"，左"布"，法重二十五铢，每枚法定兑换二十五枚"货泉"。"货布"不是圆形钱币，而是布形钱币，形状与战国时期的"平首方足布"很相像，方肩方头两只方脚，与"平首方足布"最大的区别是，"货布"的头中央开了一只圆孔，称做"圆好"。

至此，王莽的货币改制，终于告一段落。

## 货币改制的原因

王莽掌握了国家政权之后，为什么不立刻实施政治改革，而是首先实施货币改制？王莽实施货币改制的主要原因是什么呢？分析当时的情况，西汉后期发生了严重的社会危机。发生社会危机的原因是社会上出现了严重的贫富两极分化。豪强富商占有了社会上大部分的货币，用来兼并土地、买卖奴婢。小农失去土地，一部分沦为奴婢，严重地减少了朝廷的税收来源；另一部分形成流民，聚集成为盗贼，或起义造反，直接威胁到朝廷政权的稳固。如何解决这个问题，汉哀帝时期（公元前6年至公元前1年）就有大臣提出限田限奴婢的建议，还有大臣提出废黜铜钱改用龟贝为币的主张。当时朝廷权力掌握在汉哀帝祖母傅氏和母亲丁氏家族的手里，王莽赋闲在家，大臣们的建议缺乏强有力的支持，所以都失败了。汉哀帝去世后，朝廷重新起用王莽，王莽就全面地掌控了朝廷的大权，并开始研究解决社会危机的办法。解决兼并土地、贫富两极分化，最直接的办法就是将富人手中的货币收过来。但是，朝廷不是强盗，是有法度的，应该采取货币改制的办法来解决问题。一枚错刀法定兑换五千枚五铢钱；一个大王八壳儿法定兑换两千多枚五铢钱，这绝不是一般平民可以换得起的。所以，通过不断的新旧货币更换，朝廷就可以将富人手中的货币收敛过来。

　　王莽实施货币改制的原因，除去他所面临的危急的政治局面需要通过打击豪强来实现之外，他可能在很大程度上接受了贾山和晁错的货币王权论思想。贾山强调货币的社会财富分配功能应属王权，不可与民共享。晁错强调货币的储藏手段职能，他认为货币的价值在于皇帝要用它，因为它不同于谷帛实物，相对谷帛实物，它小巧易藏，可以充当储藏手段，用来济灾济贫。晁错对社会豪强占有货币，并且使用货币来盘剥平民所产生的社会问题，曾进行过猛烈的抨击。晁错认识到货币经济发展会加速贫富两极分化，而商人兼并土地，则是农民流亡的重要原因。王莽可能受到贾山、晁错的货币王权论思想的影响，因此下决心要把天下大部分货币拿到自己的手中，所以在治理当时的社会危机时，将货币改制放在了各项改革的首位，在禁止土地买卖和奴婢买卖之前，就首先发动了货币改制的工作。

## 注定失败的下场

从王莽的角度看，天下的货币大部分在谁手里？当然是在富人手里。把天下的货币收过来，富人自然就没有货币来兼并土地、买卖奴婢、放高利贷了。然而，王莽没有想到的是：他的政策不是定向打击，而是打击了一大片，无人幸免。在富人的货币被收敛的同时，平民的货币也被收敛了去。在王莽的货币改制行动下，遭受打击最为沉重的不是富人，而是平民。因为富人在其货币财富大部分损失之后，仍然能够正常地生活下去；而平民在其货币财富大部分损失之后，就无法正常生活了。富人除了货币财富之外，拥有更多的土地、房屋、牲畜、工具、作坊等生产资料，他们的货币财富在其总财富中占比相对较小；平民的实物资产相对较少，他们的货币财富在其总财富中占比相对较大。因此，在通过货币改制所进行的社会财富重新分配过程中，平民所掌握的财富价值减少程度相对富人更为严重。王莽的货币改制打击了富人，更加打击了

【渐台烽火】

平民。

王莽的每一次货币改制，百姓都要破产，并且引发大量的违法案件。王莽把私自铸钱的人处死，把非议诋毁新货币制度的人迁徙到边远地区。违法的人太多了，朝廷无力执行惩处，就更改减轻刑法；私自铸造泉布的，同妻子儿女一同没收进官府当奴婢，官吏以及左邻右舍，知情而不举报，与犯人同罪；非议诋毁新货币制度者，百姓罚做一年苦工，官员处罚免职。违法的人越来越多，当王莽下令五人连坐都没入官府时，无数的罪犯从郡国被囚车铁锁押送，浩浩荡荡的队伍千里不绝，待行至长安，其中痛苦而死的人十之六七。由于当时社会各个阶层或多或少地都有一些货币在手里，王莽的货币改制打击了所有持有货币的人。因此，天下的人们都要造王莽的反了！

王莽的货币改制是失败的，但其改制初衷，是为了解决社会危机，是有着客观原因的。王莽货币改制的方案，并非王莽个人的突发奇想，而是王莽集团谋臣们的策划，在王莽篡权登基之前就已有提出。然而，王莽货币改制的方案，是个很糟糕的方案，它使广大人民陷入痛苦，使千千万万的人民卷入战争，许多人被战争夺去了生命，王莽自己在这次社会动荡中，也被起义军斩杀于渐台。

# 三、董卓败坏五铢钱

## —— 中国古代商品经济从繁荣走向衰退

东汉末年，黄巾起义虽被扑灭，但各地军阀仍纷纷以剿灭黄巾军为名，发展各自势力。东汉王朝统治摇摇欲坠，但朝廷内部宦官与外戚争权的斗争却愈发激烈。中平六年（公元189年），汉灵帝去世，刘辩即位，是为汉少帝。刘辩年幼，大权旁落，宫廷内部争斗四起。外戚何进因不满姐姐何太后阻止其诛杀宦官，遂密召外地军阀董卓率军进京，以胁迫何太后就范。董卓进京后，废黜汉少帝，立陈留王刘协为帝，是为汉献帝。为了躲避反对势力的军事进攻，董卓将国都从洛阳迁往长安。迁都耗费巨大财力，搞得朝廷财尽物竭，董卓只好下令铸造小钱，以解决新都军民的生活问题。

### 董卓滥造小钱

董卓进京后，其势力迅速扩大。董卓野心勃勃，废汉少帝，立刘协为帝。但是，以袁绍为首的各地军阀不断讨伐董卓。汉献帝初平元年（公元190年），为了躲避袁绍组织的关东联军的进攻，董卓火烧洛阳，挟天子及数百万洛阳居民西迁长安。

迁都耗资巨大，董卓首先想到的办法不是铸钱，而是抢掠。迁都之日，董卓先是对洛阳城中富豪加以罪名，逮捕处死，没其财物，继而派步兵和骑兵在后驱逐黎民百姓迁往长安。迁徙队伍

【驱民迁徙】

中马踏人踩，加之饥饿和抢掠，百姓病饿而死，尸横遍野，其状惨不忍睹。

董卓又命部下将二百里内一切宫殿、官府及民宅焚烧殆尽，还令吕布率兵挖坟掘墓，搜罗珍宝，上至皇陵，下至普通官员的墓葬无一幸免。在此浩劫之下，朝廷和百姓全都失去了日常生活所必需的全部物资，而军人们却中饱私囊。抢劫浪潮过去后，生活问题接踵而来。此时，董卓不得不下令铸造钱币，用来到各地收购生活物资，以解决新都军民的生活问题。但铸钱需要铜材，而铜材一时难以采炼，董卓便尽收长安及洛阳铜器，以充鼓铸，并熔毁五铢钱，更铸小钱。董卓铸行的小钱，既无轮廓，又无纹饰，重量在 1 克（1.7 铢）左右[8]。这种小钱铸多

---

[8] 东汉时期 1 斤相当于现代 220 克，1 铢相当于现代 0.5729 克。

了，就发生了严重的通货膨胀，一石谷的价格涨到数万钱。董卓凶狠残暴，自然不得长久，两年之后，就被部将吕布杀死。董卓死后，其部将李傕、郭汜、樊稠以替董卓报仇为名，率兵攻入长安。不久，李傕、郭汜之间又发生了火并，直接把京城长安作了战场，董卓小钱的通货膨胀就达到了登峰造极的地步，一斛谷的价格涨到五十万钱。根据《三国志》的记载，自此以后，人们不再使用钱币进行商品交换。

在中国古代历史上，董卓虽只是昙花一现的人物，但其影响却极为长久深远。董卓铸钱对此后货币经济的影响更为巨大，两汉时期五铢钱流通的繁盛局面，从此一去不返。

### 五铢钱的衰退

五铢钱是我国古代流通时间最为久远的钱币形态。五铢钱流通时期，我国古代商品经济经历了从繁荣到衰退，再从衰退到复苏的演变过程，形成了历时久远、大起大落的经济周期。自汉武帝元鼎四年（公元前 113 年）五铢钱成为全国统一流通的钱币，至唐高祖李渊武德四年（公元 621 年）始铸开元通宝，五铢钱共流通了七百三十四年。

五铢钱流通的历史大体上可以划分为三个阶段，繁盛阶段、衰退阶段和复苏阶段，繁盛阶段与衰退阶段的分界线便是董卓废毁五铢更铸小钱。五铢钱流通的繁盛阶段在于西汉和东汉，尽管两汉之间王莽实行货币改制使得五铢钱的流通出现了短暂的停顿，但五铢钱基本上还是在全国普遍流通，商品交换、交纳税赋、军事开支、官员俸禄仍然普遍使用五铢钱。当时，五铢钱在全国的流通数量相当庞大。董卓废毁五铢更铸小钱，标志着五铢钱由盛转衰。

董卓铸行小钱以后，由于出现了极为严重的通货膨胀，钱币无法继续使用，商品交换转向以物易物的原始方式。由于物价昂贵，有钱也买不到物资，各地军事政权只好收缴谷帛实物，不再以钱币形式收取税赋，官员俸禄也转向谷帛实物。这种局面延续很久，虽然在此后的某些历史时期五铢钱出现了一定程度的复苏，但是从董卓铸行小钱直到武德四年（公元 621 年）五铢钱退出流通领域的四百三十一年中，五铢钱的流通一直没有能够恢复到两汉时期的繁荣程度。

## 货币种类增多

两汉时期，五铢钱是社会经济生活、商品交换活动中最核心的价值尺度和流通手段。当时的货币种类相对比较单一，除五铢钱外，黄金具有大额支付和储藏手段的货币职能。董卓铸行小钱以后，钱币逐步退出流通领域，商品交换转向以物易物的方式。董卓死后，曹操的势力逐步强大起来。曹操和曹丕父子都曾努力试图恢复五铢钱的流通，但是均告失败。公元 221 年，魏文帝曹丕命令百姓以谷帛作为货币，从法律上废除了五铢钱的流通并承认了谷物和布帛的货币地位。当然，谷帛作为法定货币是不适合的，人们会用湿谷薄绢谋利。曹丕的儿子曹叡即位后，使用谷帛作为货币的法令即被废止，五铢钱的法定流通又被恢复，但其流通能力已经非常低下。

西晋及东晋的一百五十多年中，由于钱币流通十分萧条，朝廷未曾铸造钱币，谷帛作为最主要的货币被使用，黄金依旧具有大额支付和储藏手段的货币职能，白银的货币功能则出现了明显的加强。

秦灭六国统一全国货币制度时，曾禁止白银货币流通。王莽货币改制时，将白银作为法定货币列入二十八品"宝货制"货币制度中，使白银成为法定流通货币。东汉以后，白银虽不属法定货币，但其作为朝廷赏赐的情况有所增加。董卓铸行小钱以后，随着五铢钱流通的衰败，谷物、布帛、黄金、白银作为货币流通的能力明显上升。两汉时期相对比较单一的铜钱货币流通，在魏晋南北朝时期被布帛、谷物、黄金、铜钱、白银并行流通所代替。

## 自然经济兴起

商品交换活动起源古老，早在氏族部落时代，部落间就出现了商品交换活动。经过相当漫长的时期，生产和交换活动的发展，逐步形成了商品经济。我国古代商品经济的显著成长，在于春秋战国时代。春秋战国之际，

【貂蝉拜月】

铁农具和牛耕的广泛应用，促进了农业生产的发展，荒地大量开垦，人口迅速增长，商品交换也就随之空前兴旺。商品经济的发展，促进了城市的发展和货币经济的发展。

战国末期，秦灭六国，各国种类繁杂的货币被统一为秦国的货币，全国形成了统一的市场，在一定程度上促进了商品经济的发展。两汉时期，商品经济继续上升，对货币流通总量提出了新的需求。由于铜材供应出现不足，朝廷对钱币实施持续减重措施，以便使用较少的铜金属来媒介更多的商品交换活动。自战国以来的经济繁荣，至此便达到了中国古代第一轮城市商品经济发展的顶峰。

董卓之乱带来的破坏，使洛阳和长安成为废墟。此后，三国初期的战争，使各地城市均遭战乱毁败。三国后期和西晋时期，城市有所恢复。西晋末年，战乱又起，各地城市普遍荒废，北方黄河流域出现坞堡经济，每一个坞堡都是一个自给自足的社会单位。各地区各坞堡之间，经济联系非常薄弱。生产和城市商业的破坏致使金属货币萎缩，钱币不行。秦汉时期商品经济形成的城市繁荣，已经全面衰落，代之而起的是以坞堡或庄园为单位的自给自足的自然经济社会。

董卓铸造小钱，是中国古代商品经济从繁荣走向衰退的转折点，也是五铢钱从繁荣走向衰败的转折点。此后，在魏晋南北朝隋的长期演变过程中，商品经济除了在某些局部地区或某些特定时期出现复苏之外，基本上未能恢复两汉时期的繁荣景象。货币流通状况也长期处于萧条之中。钱币的使用远不能与两汉时期相比较，甚至直到唐朝初期，人们在进行商品交换时使用钱币，仍然采用一半支付铜钱，一半支付布帛的方式。

# 四、曹操恢复五铢钱

## ——曹氏三代对恢复五铢钱流通所做的努力

董卓死后，曹操挟天子以令诸侯，号令天下。建安十三年（公元 208 年），就在兵败赤壁的这一年，曹操废黜了董卓小钱，力图恢复五铢钱的流通。

## 劳而无功的努力

据史料记载，董卓铸行的小钱造成了严重的通货膨胀，当时谷价高得令人咋舌，达到每斛五十万枚五铢钱，百姓不得不退回到以物易物的原始商品交换方式。公元 208 年，在董卓铸行小钱十八年之后，曹操废黜了董卓小钱，下令恢复五铢钱，结果始料未及，谷价止不住地下跌。谷贱伤农，百姓再次苦不堪言。

曹操虽然恢复了五铢钱，但时移世易，五铢钱流通总量早已不复当年的充裕，出现了严重的不足。在董卓铸行小钱后的十八年中，天下纷争不断，金属作为重要的军事物资十分匮乏，小钱泛滥成灾早已买不到东西，所以各地军事政权都没有铸钱。

曹操废黜董卓小钱，恢复五铢旧钱，也没有铸造新钱，货币流通总量有减无增，自然不能满足商品交换的需求，因而改用五铢钱标价的谷价持续下跌也就不足为奇了。

**【火烧赤壁】**

曹操恢复五铢旧钱的做法，可能是受到荀悦货币思想的影响。汉献帝建安元年（公元196年），荀悦被曹操征辟入府，历任黄门侍郎、秘书监、侍中等官。建安十年（公元205年），荀悦著成《申鉴》五卷。在《申鉴·时事》中，荀悦提出了恢复五铢钱流通的主张。荀悦认为，现在天下太平，可以恢复五铢钱流通了。由于五铢钱大量流到外地，而不在京师，如果恢复五铢钱流通，外地的五铢钱是否会流入京师，购买京师的物资，从而造成京师物资短缺呢？荀悦的看法是：只要限制军用物资外流，京师的其他物资可以与外地互通有无，应该不会造成京师物资短缺。关于钱币总量供应是否会出现不足，荀悦认为恢复五铢钱流通之后，如果出现了五铢钱不敷使用的情况，朝廷开工铸造就是了。

荀悦的观点，推敲起来确实有些问题。首先，当时天下尚未实现统一，敌对军事力量还在，恢复五铢钱流通缺乏和平环境；其次，由于五铢钱散落四方，曹操控制的所谓"京师"出现物资大量外流的危险是存在的；最后，钱币流通总量如果不足，曹操并没有足够的铜材用来增铸钱币。因为当时战争随时可能发生，币材金属是重要的军用物资，曹操不会将有限的金属用于铸造钱币一途。

但是，尽管形势不利于五铢钱流通的恢复，曹操还是在公元208年下令废黜董卓铸行的小钱，恢复五铢钱的流通。这项法令没能取得预期的效果，不久即被废止。十二年后，曹操的儿子曹丕代汉称帝，再一次下令恢复五铢钱的流通。

## 子承父业的努力

公元220年，曹操去世。曹操之子曹丕继承魏王爵位后逼汉献帝禅位，自己代汉称帝，国号魏，定都洛阳。公元221年3月，魏文帝曹丕下令恢复五铢钱的流通。但是，曹丕关于恢复五铢钱流通的努力也失败了，他在下令恢复五铢钱流通当年的10月又废黜了五铢钱，命令百姓在商品交易时使用谷帛作为货币。

曹氏父子恢复五铢钱流通的努力都以失败告终，原因值得探讨。战争期间，铸行虚币大钱兑换旧钱或直接使用虚币大钱购买军用物资能够迅速扩充军力，而铸行足值钱币便利民间商品交换则可能招致敌方的破坏，成功的可能性微乎其微。当曹魏集团正为便利国民经济发展而恢复五铢钱流通，并采用足值钱币的时候，西南蜀汉集团已经铸行了虚币大钱——直百钱。如果魏蜀之间缺乏严格的经济边界，两种钱币出现并行就会发生劣币驱逐良币的问题，足值的钱币就会被熔毁，改铸为不足值的钱币。曹丕下令恢复五铢钱时，蜀汉的刘备和东吴的孙权依然健在，各自的军事力量亦不可小觑，对曹魏政权虎视眈眈。而曹魏政权因为曹操去世，曹丕篡位称帝，政局不稳，战事随时可能爆发。曹丕意识到形势对己不利，遂在下令恢复五铢钱流通半年之后，断然废黜了五铢钱。

## 孙承祖业的努力

公元 226 年，曹丕去世。曹丕之子曹叡即位，是为魏明帝。由于以谷帛作为货币的弊端很多，公元 227 年，曹叡取缔了以谷帛作为货币的制度，再次下令恢复五铢钱的流通。这次法令在颁布前，经过朝廷认真的讨论。谷帛作为货币的法令实施了六年，其弊端已经十分明显。谷帛之物在商品交换中的活动十分频繁，作为普通商品，谷帛参加商品交换是要根据不同质量类别称量交易。但是，一旦作为法定货币，谷帛就需承担价值尺度的职能。于是，不法之人减少谷帛每标准单位的内在价值，通过将谷物淫湿，织造薄绢等方式从中渔利。尽管朝廷采用严刑予以打击，这种现象仍然屡禁不止。因此，朝廷召开会议讨论解决办法。司马芝等大臣通过讨论认为，恢复五铢钱流通有三大好处：一是朝廷可以通过掌握钱币来控制社会财富，从而增加了朝廷控制财富的手段；二是可以减少对使用湿谷薄绢犯法者的刑罚，缓和社会矛盾；三是给民间商品交易活动带来便利。曹叡听从了司马芝等人的建议，下令恢复五铢钱的流通。此后，五铢钱继续流通了近四百年，直到公元 621 年，唐高祖李渊铸行开元通宝钱，五铢钱才彻底地退出了流通领域。

## 五铢钱流通依然萧条

曹操恢复五铢钱的流通，只是在法律上宣布恢复，并未实施铸造，因此钱币供应量不足，造成市场上谷价的不断下跌，恢复五铢钱流通的努力也就成为泡影。曹丕恢复五铢钱流通，时机并不成熟。曹丕初篡帝位，四方未稳，刘备与孙权觊觎北方，战争一触即发。此时，曹魏朝廷当然不能将大量金属用于铸钱。不用金属铸钱，只好用谷帛作为货币。而谷帛作为货币的弊端十分严重，所以很快也失败了。到了曹叡即位时，刘备和孙权已经称帝，曹魏一方已经不是突出的政治攻击目标，三国稳定局面基本形成，恢复五铢钱流通也就具备了必要的客观环境。曹叡恢复五铢钱的流通，是通过增铸的方式来实现的，因此钱币供应充足，具备可持续性。曹叡恢复五铢钱的流通，便利了民间商品流通和经济发展，自然也有利于曹魏国力的增强。

在此前后，蜀汉政权和东吴政权相继采用了铸

【三人聚饮】

行虚币大钱从民间敛财的措施，蜀汉政权铸行了"直百钱"，东吴政权铸行了"大泉五百"和"大泉当千"。曹魏政权始终没有采用铸行虚币大钱掠夺民间财富的措施，说明当时曹魏国力已经比蜀汉和东吴更为强盛。蜀汉与东吴比较，蜀汉更为贫弱。除了蜀汉采用虚币敛财政策比东吴更早之外，蜀汉政权竟然连冶铜的力量都十分缺乏，以致四处搜罗铜材，连刘备自己睡床的铜架子都用来熔铸钱币了。史书记载此事，意思是说刘备节俭奉公。但是，从另一个角度来看，我们也可以理解到蜀汉国力的贫弱，以致刘备失去了铜制架子的床，只好改睡较为简陋的床。

曹叡虽然继承父业，恢复了五铢钱的流通，但是却无法重现五铢钱昔日的繁盛。此时，连年不断的战争造成商品经济的衰退，自然经济已经兴起，黄河流域的坞堡组织日益增多，每一个坞堡组织都是一个自给自足的社会单位。各地区各坞堡之间，经济联系非常薄弱。生产和城市商业的破坏致使金属货币萎缩，商品交换退回到以物易物的原始方式。因此，曹魏政权虽然恢复了五铢钱的流通，但是五铢钱的流通依然萧条。到了晋代，五铢钱流通的制度并没有改变，但是在两晋150多年里，朝廷始终没有铸造钱币。这种状况，直到南北朝时期才逐步出现好转，五铢钱的流通开始复苏，但是仍然不能与两汉时期五铢钱流通的繁盛状况相比较。此后，隋朝实现了中国南北的统一，为五铢钱的流通创造了较好的环境，但是由于隋炀帝征发无度，人口大量死于战争和劳役，社会生产力遭受巨大破坏，五铢钱流通复苏的局面便似回光返照，很快归于结束。此后不久，李渊建立唐朝，五铢钱就彻底地退出了流通领域，开元通宝钱代之而起。

# 五、刘备与虚币大钱

## —— 五铢钱衰败时期出现的虚币大钱

两汉时期，商品经济非常发达，五铢钱流通十分繁盛，经常会出现货币流通总量不足的情况。朝廷惯用的手段是将钱币减重，通过节铜增铸来扩大货币流通总量。三国魏晋南北朝时期，国家分裂，各地政权对立，铸行虚币大钱成为各政权掠夺民间财富用来支持战争的有效手段，五铢钱由此衰败，率先开铸虚币大钱先河者，便是刘备。

## 刘备率先行虚钱

汉献帝建安十九年（公元214年），刘备攻打益州的刘璋，包围了成都。为鼓励士气，刘备与将士们约定，如攻下成都，刘璋的资财悉归众将士所有，刘备分文不拿。结果士气大振，成都被攻破，刘备也履行了承诺。但是，刘备没能拿到刘璋的财富充盈军费，部队的给养就出现了严重的问题。左将军西曹掾刘巴建议刘备，铸造直百钱，命令官吏用直百钱收购物资。

【刘巴献策】

刘备接受了刘巴的建议，几个月后，刘备的库府里就装满了物资。

目前已经出土的刘备蜀汉政权铸行的直百钱有两种类型：一种铭文"直百五铢"；另一种铭文"直百"。刘备最初铸行的钱币应该是"直百五铢"钱。一般五铢钱的铭文是横文两字，左"五"右"铢"。"直百五铢"钱是在一般五铢钱正常铭文基础上添加竖文两字，上"直"下"百"。"直百"钱则只铸铭横文两字，左"直"右"百"。1950年以后，蜀汉政权铸行的直百钱在湖南、湖北、江苏、四川、北京等地三国魏晋南北朝墓葬中常有出土。根据对出土实物的测量，"直百五铢"钱重量一般为8.0～9.5克（14.0～16.6铢）[9]，有轻者不足3克（5.2铢）。而"直百"钱重量约为2克（3.5铢），小者不足0.5克（0.9铢）。"直百五铢"钱体重形大，应该是刘备初行直百钱的品种，当时每枚兑换一百枚五铢钱。此后，蜀汉政权继续铸造直百钱，并逐步实施减重措施。"直百"钱应是

[9] 三国魏晋及南朝 1 斤折合现代 220 克，1 铢相当于现代 0.5729 克。

"直百五铢"钱减重后的异变品种。

刘备铸行直百钱，以不足十铢青铜代表五百铢青铜，有效地抢掠民间资财，数月之间就搞得府库里装满了物资。刘备铸行直百钱所获的价值，就用来支持所需的军事开支。


## 孙权效仿钱更虚

刘备率先铸行虚钱二十多年之后，孙权效仿刘备也铸行了虚钱。与刘备相比较，孙权铸行的虚币大钱面额更大，价值更虚。嘉禾五年（公元 236 年），孙权铸行"大泉五百"钱；赤乌元年（公元 238 年）又铸行"大泉当千"钱。"大泉五百"钱的铭文是竖文两字及横文两字，上"大"下"泉"，左"五"右"百"。"大泉当千"钱的铭文是顺时针四字，上"大"左"泉"下"当"右"千"。根据对出土实物的测量，"大泉五百"钱重量约为 12 克（20.9 铢），后来逐步减重至 8 克（14.0 铢）左右。"大泉当千"钱初铸时重量约为 20 克（34.9 铢），以后逐步减重至 11 克（19.2 铢）左右。

刘备铸造的虚币大钱，每枚要与百姓兑换一百枚五铢钱。二十多年以后，孙权铸造的虚币大钱，每枚要与百姓兑换五百枚或一千枚五铢钱。刘备铸行虚币大钱的时候，还是汉献帝时期，曹操已经被封为魏公，孙权据有江东。当时，刘备仅据荆州，正在按照诸葛亮《隆中对》的策划攻打益州，铸行虚币大钱是因为战争的需要。而孙权铸行虚币大钱是在汉献帝已经把皇帝的位子禅让给了曹氏以后，曹操的孙子曹叡在位为帝，刘备之

子刘禅和孙权也在位为帝。此时，三国鼎立的局面已成，天下久无大战，孙权之所以铸行虚币大钱是因为经略辽东。辽东与东吴

【桃园结义】

之间，横隔着一个强大的敌对政权——曹魏。因此，为了绕曹魏统治地区，东吴与辽东的交往就只能通过海上，即跨越黄海。跨海往来花费巨大，所以孙权需要铸行虚币大钱掠夺民间的财富来补充财政的不足。

## 北周虚钱的泛滥

钱币流通在魏晋时期出现了衰败，至南北朝时期开始逐步复苏。比较南朝与北朝，南朝的经济状况优于北朝。所以，朝廷以新旧钱币兑换手段从民间掠夺财富时，南朝和北朝采取了各自不同的方式。南朝采取的方式主要是钱币减重，既朝廷持续降低新铸钱币的重量，用较少的青铜来铸造更多的钱币，从而换取民间更多的财富。北朝则采用了铸行虚币大钱的方式，

大幅度地加强新铸钱币的信用货币性质，用来兑换更多的旧钱币，从而更大幅度地掠夺民间财富，其中最为典型的案例就是北周王朝铸行"布泉"钱、"五行大布"钱和"永通万国"钱。

北周王朝建立于公元557年，初期使用西魏五铢钱。四年之后，周武帝宇文邕即位，立刻更铸了"布泉"钱。"布泉"钱铸铭横文两字，左"布"右"泉"。根据对出土实物的测量，"布泉"钱重量约为4.3克（7.5铢）。"布泉"钱与西魏五铢钱并行流通，每枚"布泉"钱法定兑换五枚西魏五铢钱，是典型的虚币大钱。

周武帝雄才大略，用了十多年的时间韬光养晦，终于在公元572年搞了一次宫廷政变，杀死了大权独揽的大冢宰宇文护，自己掌控了朝廷大权，并立即开始筹划武力统一中国。北方有人口大国北齐，南方有经济大国南陈，无论军事实力还是经济实力，北周都是个弱国。当时北齐有二千二百多万人口，北周只有一千二百五十多万人口。另一方面，南陈的人口虽然少于北周，但其经济实力却远胜北周。周武帝决心首先消灭北齐，于是开始在人力和财力上想办法。北周大约有百分之十的人口属于寺院人口，为了扩大国家编户人口，增加税赋和兵源，周武帝于公元574年下令灭佛。周武帝采用的方法是勒令僧尼还俗、焚烧佛教经典、没收寺院财产。周武帝灭佛行动取得了明显的效果，北周的税赋和兵源都得到了增长。同年，周武帝下令铸行"五行大布"钱，扩大了采用虚币大钱掠夺民间财富的规模，努力筹措战争物资积极备战。

"五行大布"钱的铭文是竖文两字及横文两字，上"五"下"行"，左"大"右"布"，法定兑换十枚西魏五铢钱，与"布泉"

钱及西魏五铢钱并行流通。根据对出土实物的测量，"五行大布"钱重量约为 4.0 克（7.0 铢）。"五行大布"重量 7.0 铢，可以兑换十枚西魏五铢钱，而"布泉"重量 7.5 铢，却只能兑换五枚西魏五铢钱，所以盗铸者只盗铸"五行大布"，而不盗铸"布泉"。盗铸者多藏在关外，公元 575 年，北周王朝下令禁止"五行大布"钱出入四关，并规定"布泉"钱只可流入不可流出，以此来限制盗铸者铸造的"五行大布"钱的入境和朝廷铸造的"布泉"钱的出境。公元 576 年，因"布泉"钱价值逐渐低贱而人们不愿使用，北周王朝遂下令将其废除。

扩大了军队并且获得了军饷，周武帝立刻发动了统一北方的战争。公元 576 年，战争开始，北周和北齐在平阳展开激战，齐军大败。第二年，北周军队俘获齐后主，北齐灭亡。周武帝击灭北齐后，统一度量衡、释放奴婢、整军讲武，计划南下灭陈，北伐突厥。但是，还没等到南北战争的号角吹响，周武帝就病死了。

公元 578 年，周武帝的儿子宇文赟即位，是为周宣帝。第二年，周宣帝就将皇位传给了七岁的儿子宇文阐，自己做了太上皇，朝廷的大权旁落于大冢宰杨坚身上。就在这一年，北周王朝又铸造了"永通万国"钱。

"永通万国"钱的铭文也是竖文两字及横文两字，上"永"下"通"，左"万"右"国"，法定兑换十枚西魏五铢钱或北齐五铢钱，与"五行大布"钱、西魏五铢钱及北齐五铢钱并行流通。根据对出土实物的测量，"永通万国"钱重量约为 6.0 克（10.5 铢）。"永通万国"钱的铸行，应该是在击灭北齐政权之后，北周王朝采用虚币大钱的手段向北齐地区人民进行的一次大规模的经济掠夺，目的仍然是为了备战，即为南下灭陈、北伐突厥的战争做物资准备。

铸行虚币大钱掠夺民间财富用来支持战争，是三国魏晋南北朝时期货币制度变化的一个特点。刘备铸行直百钱，为三国魏晋南北朝时期各王朝铸行虚币大钱起到了示范的作用。然而，综观历史长河，铸行虚币大钱的方式并非刘备所首创，西汉末年的王莽就曾大规模地铸行虚币大钱，从而将国家推入战争的深渊。铸行虚币大钱可以搅乱经济秩序，将国家推入战争，也可以将社会财富集中起来，用来消灭军事强敌。但是，朝廷铸行虚币大钱掠夺人民财富，使人民陷入极度的痛苦之中，终究要受到历史的惩罚，并为后世人民所唾弃。

# 六、刘义恭与四铢钱
## —— 刘宋王朝大臣们关于钱币制度的争论

遭受五胡之乱，汉人南渡建立了东晋王朝。为此，北伐中原、收复故土的理想贯穿于整个东晋时代。东晋末年，北府兵将领刘裕脱颖而出，率军北伐，消灭了北方几个政权，因而得到广大民众及贵族集团的广泛支持。取得了局部胜利之后，刘裕留下北方强国北魏不打，率重兵返回京城建康。公元 420 年，刘裕逼迫晋恭帝退位，自己当了皇帝，建国号为宋，与北魏对峙，从此开启了南北朝的历史。刘义恭是刘裕的第五个儿子，相貌英俊，十分聪明。元嘉元年（公元 424 年），刘义恭的三哥刘义隆做了皇帝，刘义恭被封为江夏王。

## 创新铸行四铢钱

在五铢钱持续流通的七百三十四年中，刘宋王朝铸行的四铢钱是个特例，它的表面不是铭文"五铢"，而是铭文"四铢"

二字。在刘宋王朝建立之前的西晋和东晋总共一百五十多年间，朝廷一直没有正式铸造铜钱，商品交换主要采用以物易物的方式，少数交易使用汉、曹魏的五铢钱或各种古钱。刘宋王朝建立之后，天下出现了短暂的和平，经济出现了明显的好转，特别是宋文帝刘义隆执政时期，出现了近三十年的经济繁荣，史称"元嘉之治"。商品交换经济的发展，扩大了对钱币流通的需求。元嘉七年（公元 430 年），刘宋王朝立署造钱，恢复了朝廷铸钱的旧制。当时流通的铜钱是前朝的五铢古钱，刘宋朝廷认为古钱过重，所以要改铸轻小一些的钱币，便铸造了铭文"四铢"，法重四铢的铜钱。四铢钱在初铸时期重量十足，铸造无利可图，所以百姓不盗铸。随着经济的发展，铜钱流通总量很快就不能满足商品交换的需求，刘宋王朝开始采用铜钱减重的政策。铜钱逐渐减重，铸造利益凸显，所以引发了严重的民间盗铸，百姓纷纷剪凿古钱更铸四铢钱。

## 大钱当两的争论

元嘉二十四年（公元 447 年），江夏王刘义恭提出建议：如果规定一枚大钱兑换两枚小钱，百姓就不会再去剪凿古钱更铸四铢钱，朝廷也不需要采矿冶铜铸钱，钱币流通总量就可以大幅度地扩大。刘义恭是当朝皇帝刘义隆的弟弟，说话自然很有分量，大臣们也唯其马首是瞻。然而，尚书右仆射何尚之却不买账。何尚之采用了先褒后贬的技术手法，先是称赞刘义恭的主意高明，不用采矿冶铜铸钱，就可以达到两倍的利益，是增加钱币流通总量的好办法。但是，何尚之话锋一转，就滔滔不绝地数落起这主意中的毛病来：一是有道是，钱少物贱，钱多物贵，增加钱币流通总量并无意

【江夏王府】

义；二是大钱当两，是扩大虚币性质，违背民情，不可持久。结果会将钱币制度搞乱，伤害百姓利益；三是大钱当两，富人资财加倍，穷人更穷，不利于均贫富的基本国策；四是钱币品种增多，大钱与小钱定义不清楚，容易发生混淆，引发诉讼；五是如果江夏王刘义恭担心盗铸问题，就直接捉查盗铸者好了，搞什么大钱当两呀？何尚之愈说愈有理，愈说愈着急，最后发现说走了嘴，赶紧解释说，这只是我愚蠢之人的一孔之见，供你们聪明人参考，我是言无不尽，你们多包涵吧！何尚之这一挑头儿，好几个大臣就跟上来，吏部尚书庾炳之、侍中太子左卫率萧思话、中护军赵伯符、御史中丞何承天、太常郗敬叔都认为何尚之说得对。中领军沈演之赶紧出来为刘义恭打圆场。

中领军沈演之说，东晋朝廷建立在江南，江南原本是很少使用铜钱的未开化地区，铜钱流通量较少，所以钱贵物贱，目前正是扩大铜钱使用范围的好机会。大钱当两，国家不用耗费铜材，就能够扩大铜钱流通总量。铜钱流通总量扩大了，盗铸

的事情也就灭绝了。宋文帝听过大臣们各自不同的意见，最终还是接受了刘义恭的建议。但是，大钱当两的方法实行起来真的有问题，百姓不盗铸四铢钱，反过来盗铸大钱了，所以朝廷不久就废黜了大钱当两的办法。其实，大钱当两的方法并非刘义恭所首创，西汉初年吕太后就曾经采用过类似的方法。不过，吕太后实施的是大钱当八，即铸行八铢钱，每枚八铢钱法定兑换八枚榆荚钱。

## 放民铸钱的争论

元嘉二十七年（公元450年），北魏太武帝拓跋焘以打猎为名，亲统十万骑兵突然侵入宋境，围攻悬瓠，激怒了宋文帝。宋文帝决定用兵北魏。宋、魏大战一直打到第二年，双方元气大伤。自此，刘宋王朝统治下的"元嘉之治"景象不复。元嘉三十年（公元453年）二月，太子刘劭发动宫廷政变，杀害了他的老爸宋文帝。当年三月，刘劭的三弟武陵王刘骏起兵讨伐刘劭。刘劭兵败被杀，武陵王刘骏即位称帝，是为宋孝武帝，刘义恭就成了皇叔。

魏、宋战争耗费了刘宋王朝大量的钱财，铜钱流通总量更加呈现不足，所以中军录事参军周朗上书言事，提出了对大额交易使用谷帛为币的主张，但是没有被朝廷采纳。宋孝武帝孝建三年（公元456年），尚书右丞徐爰建议用铜来赎刑，以增加铸钱，结果是朝廷用赎刑获得的铜材铸造了许多轻小恶钱。流通中钱币轻小，民间盗铸自然有利可图，于是民间盗铸泛滥，朝廷不得不废止了小钱的流通。

宋孝武帝大明元年（公元457年），始兴郡公沈庆之提出恢复小钱的使用及开放民间铸钱的方案。沈庆之一生戎马，是个典型的职业军人，对于经济管理却很在行。沈庆之指出：在当时的情况下，民间铸钱功艰利薄，不必担心农民铸钱而荒废农事。并且，刘宋立朝已有三四十年，经济发展对钱币流通已经出现了比较大的需求。沈庆之对恢复小钱的使用和开放民间铸钱提出了建议，而且还设计了具体的管理实施办法：一是在各郡县开设铸钱的官署，让乐意铸钱的人家住进官署内，以便管理；二是统一钱币的规格式样，就按照小钱的样子铸造；三是官府收取30%铸钱税。皇帝将此事交给公卿讨论，刘义恭出来反对。除了恢复小钱使用一款外，刘义恭对沈庆之的其他建议均予以驳斥：一是百姓不乐意与官府打交道，很难让他们

【群臣争论】

住进官府；二是盗铸牟利的关键是在币材中掺杂贱金属，一旦质量要求严格，百姓自然不会乐意铸造；三是对铸造者来说，30%的铸钱税，已让其无利可图，百姓仍然会在官府外面盗铸，以便逃避税收。所以，沈庆之关于放民铸钱的方案缺乏可操作性。

吏部尚书颜竣进一步支持皇叔刘义恭的说法，而且连刘义恭已经表示同意沈庆之关于恢复小钱使用一款，也给予否定。颜竣指出，小钱流通会引发私铸剪凿，并且会发生劣币驱逐良币的问题，足值大钱将会消失。王爷和大臣联手反对，一介武夫的沈庆之自然败下阵去，朝廷否决了沈庆之关于放民铸钱的建议。


## 四铢钱寿终正寝

大明八年（公元464年），宋孝武帝刘骏去世，其子刘子业即位，史称前废帝，刘义恭就成为皇叔祖。刘子业荒唐残忍，滥杀朝中大臣，颜师伯和柳元景密谋废黜刘子业，拥立刘义恭。柳元景将计划告诉沈庆之，希望得到军人的支持。沈庆之与刘义恭、颜师伯素有矛盾，遂告密。于是，刘子业立刻带领御林军去刘义恭府上将刘义恭杀害，并且命令将刘义恭尸身大卸八块，眼睛挖出来浸在蜂蜜里用来制作鬼目粽。随后，刘子业批准了沈庆之关于开放民间铸钱的建议。沈庆之奏请开放铸钱之后，钱制更加败坏，直至钱币"入水不沉，随手破碎"，结果是大家无法使用当代铸钱，只好使用古钱。

不久，沈庆之被刘子业赐死。紧接着，刘子业败亡，他的叔叔刘彧登基称帝。

　　从元嘉三十年（公元453年）宋文帝刘义隆为太子刘劭所杀开始，刘宋王朝宫廷政变时时发生，皇室成员相互残杀，混乱的局面持续了二十多年，直到升明三年（公元479年）萧道成代宋称帝，刘宋王朝灭亡，刘家皇族内部的血腥攻杀才告结束。自公元420年刘裕代晋称帝，至公元479年萧道成代宋称帝，刘宋王朝存在共五十九年。以公元450年的魏、宋战争为分界，前期出现了商品经济的高速发展，后期商品经济则逐步衰败。商品经济高速发展时期，刘宋王朝铸行了四铢钱。四铢钱的流通总量不能满足商品交换经济发展的需要，刘义恭建议大钱当两，朝廷采纳了刘义恭的建议，但是在实施过程中遭到了失败。商品经济衰退时期，刘宋王朝铸行了减重的小钱。沈庆之建议开放民间铸钱，刘义恭提出反对，由于宫廷斗争，刘义恭被杀，朝廷批准开放民间铸钱，但是在实施过程中也遭到失败。从此，四铢钱的流通便逐步衰败下去。

　　萧道成建立的南齐王朝，自始至终没有正式铸造铜钱。公元502年，萧衍代齐称帝，建立梁朝，当年铸行天监五铢钱，刘宋王朝铸行的四铢钱也就寿终正寝，逐步地退出了流通领域。

相对纪重钱而言，通宝钱面文复杂多样，表面不再铭文重量，而是铭文朝廷年号、国号或吉语，并加之"通宝"或"元宝"或"重宝"等字样。中国古代的通宝钱，大体上可以划分为唐代的开元通宝钱、宋代的年号钱和明清两代的制钱。

唐朝铸行开元通宝钱。魏晋南北朝长期战乱之后，终于出现了唐朝天下统一的局面。武则天执政时期及唐玄宗执政时期，唐王朝停止了对外民族的大规模侵略战争，放松了对内百姓的经济管制，商品经济就急剧地发展起来，形成中国古代商品经济发展的第二次高峰。唐王朝铸行的开元通宝钱的流通，也就出现了非常繁荣的景象。商品经济的发展引发了严重的贫富两极分化，延续了两百多年的均田制遭到破坏，社会矛盾日益激化。就在唐玄宗晚年，安史之乱成为社会矛盾总爆发的导火索。平定安史之乱的战争使各地军阀割据势力兴起，唐王朝中央集权专制制度从此走向衰亡。此后，为了消灭各地军阀割据，唐德宗实行两税法，收敛钱财扩军备战，引发了严重的钱荒。唐代钱荒的爆发，导致中国古代货币法制的重点出现了划时代的转变。唐代之前的一千多年中，秦汉、魏晋南北朝隋各朝货币法制的重点是禁止百姓盗铸铜钱，抑制由于铜钱过多引发的通货膨胀。唐代钱荒爆发之后，货币法制的重点转为禁止百姓毁钱铸器和挟钱出境，抑制由于

铜钱过少引发的经济萧条。

宋朝铸行年号钱。宋代的商品经济空前繁盛，成为继东汉、中唐之后，中国古代商品经济发展的第三次高峰。宋王朝铸行年号钱的数量，远远多于唐朝铸行的开元通宝。但是，由于商品生产的空前发达，宋代的货币流通总量经常地呈现出不足的状况，导致了货币多元化发展的倾向。自北宋开始，虚币铜钱流通成为常态，折二、折三、折五、当十虚币铜钱广泛流通，铁钱被大规模地铸造使用，白银出现了货币化的趋势，官方发行的纸币也应运而生。

明清两朝各自将本朝铸行的铜钱称为"制钱"。明清货币法制的主要特点，是强化本朝铸造铜钱的法定货币地位，保护本朝铸造铜钱的流通能力和流通价值。但是，纵观中国古代货币发展演变过程，除魏晋自然经济时期铜钱退出流通，及元代禁止铜钱流通之外，明清两朝铜钱的货币地位最为低下。及至晚清，外国银元的渗入促使中国民间仿造银元和铜元。面对外国银元和民间仿造银元和铜元的泛滥，朝廷终于采用机器制造银元和铜元，银元和铜元便迅速地充斥市场，制钱流通则越发萧条。不久，清王朝灭亡，中华民国成立，制钱便慢慢地退出了流通，作为全国统一流通两千多年的方孔圆形铜钱，便逐步地变成为历史的遗迹。

# 一、褚遂良与捉钱令史

## —— 贞观之治政治光环下的经济贫困

褚遂良作为一代名臣，如今人们对他的熟悉，可能不是因为他做过唐太宗李世民的谏议大夫、中书令，而是因为在《兰亭序》书法教材中，最著名的临摹版本出自他手。更加鲜为人知的是，褚遂良还曾反对唐太宗发放高利贷及组织官员下海经商，因而对大唐初期货币借贷活动产生过一定的影响。

## 唐太宗贞观之治

公元 626 年，秦王李世民发动了玄武门之变，杀害了他的哥哥太子李建成和弟弟齐王李元吉，吓得他的老爸唐高祖李渊退居二线让出了皇位，躲进大安宫里当了太上皇，于是李世民登基称帝，是为唐太宗，改年号为贞观，开始了著名的贞观之治。

贞观共计二十三年中，战事频繁，大唐军队东征西杀，所向无敌。贞观三年，大唐军队打败了东突厥。贞观九年，大唐军队击降吐谷浑。贞观十四年，大唐军队消灭了高昌政权，将

高昌的统治地区改编为西
州。贞观十八年，大唐军
队消灭焉耆。贞观十九
年，唐太宗亲征辽东，
无功而返。贞观二十年，
大唐军队击灭漠北的薛延
陀，招降原属于薛延陀的
铁勒诸部。贞观二十一年、
二十二年，大唐军队两次
攻打高丽。贞观二十二年，
大唐军队攻破龟兹。

【大唐将军】

军事上的节节胜利，
使大唐军队威震天下。一
时之间，四夷宾服，外邦来朝，百官奏请唐太宗封禅泰山，祭
告天地。唐太宗好是高兴，不料一盆冷水泼下来，魏征出来告
诉他，泰山已经去不得了。

今自伊、洛以东，暨乎海岱，灌莽巨泽，苍茫千里，人烟断绝，
鸡犬不闻，道路萧条，进退艰阻。[10]

由于战争造成人烟断绝，即便是黄河流域的广大富饶地区，
已经变为荒野，路途艰阻，供给匮乏，无法行走了。唐太宗无
奈打消了封禅泰山的想法。

[10] 《旧唐书》卷七一《魏征》，中华书局，1975年版，第2560页。

战争的损耗相当巨大，青壮年百姓都上了战场，正常的生产早已停滞，即便能够从遥远的边境或异国掠夺到生活物资，限于长途跋涉的运输成本，这些物资也不可能运到内地使用了。当时社会物资大多已经投入军事用途，全国上下，一贫如洗，百姓夜不闭户，小偷们都歇了工，犯罪率下降至几乎为零。

　　除了全国上下共同贫穷，百姓大量死于征服异族的战争之外，唐太宗的王朝似乎是个完美的王朝：政治方面宽容大度、任贤纳谏；文化方面开明进取、制乐修史；艺术方面推陈出新，诗歌、书法、舞蹈、绘画等方面皆有极高的建树；至于舆论宣传工作，更是达到了前所未有的高峰。唐太宗君臣们的英名，传播四海，至今留下无数脍炙人口的故事。

　　在中国历史上，贞观年间极为贫穷，这个看法似乎成为后世人们的共识。直到北宋年间，人们要举例说明一个时代的贫穷状况，还要以贞观年间为典范。北宋年间，王安石要在京师流通折二钱，宋神宗担心让外国人知道，使他们认为宋朝贫穷，瞧不起宋朝。王安石解释说，贫穷并不丢人，"自古兴王如唐太宗、周太宗时极贫，然何足为耻？"[11]

## 朝廷发放高利贷

　　从隋朝末年李渊起兵，至贞观时期的对外战争，战争持续了三十多年。大唐王朝战争所费钱财无数，财税枯竭，只好赚

[11] 《续资治通鉴长编》卷二七六《神宗熙宁九年》，中华书局，1992年版，第6745页。

一点儿小钱补偿一下。贞观十五年，唐太宗带领朝廷发放高利贷，赚了一点儿利息。

唐太宗发放高利贷的方法不是组织放贷公司，而是任命借钱主体。先确定借钱主体，然后对其贷款，真可谓扩大金融业务的奇招妙术。老百姓是借不起钱的，或者说借了钱也是还不起的。唐太宗就组织各级官府衙门来借钱，每个衙门里任命九名工作人员作为自然人借钱主体，官方职称叫做"捉钱令史"。每个"捉钱令史"要从朝廷借取五万文钱，每年向朝廷缴纳利息四万八千文钱，年利率为百分之九十六。这个利率水平恰好没有突破前朝祖宗们关于取息不应超过本钱的道德标准，所以唐太宗的高利贷业务做得冠冕堂皇，心安理得。

为了鼓励"捉钱令史"们还款付息的积极性，唐太宗将他们纳入吏部候补，缴满 1 年的利息，就可以任命实缺官职。为了得到实缺官职，"捉钱令史"们借贷兴趣高涨，争先恐后。唐太宗的高利贷业务，也就做得风生水起，有声有色。

唐太宗发放高利贷的目的，不仅是为了赚点儿小钱，更重要的是当时文武百官没有工资，各级官府衙门行政开支不足，朝廷发放高利贷所得的利息，就用于给百官发放工资，以及各级官府衙门的日常行政开支。

### 捉钱令史下海经商

"捉钱令史"们从朝廷借到高利贷资金，就用来下海经商，追求利润。这种经营方式，并非唐太宗所首创，而是兴起于隋

【谋财市井】

朝，被称为"公廨钱"。

"廨"是古代官署的总称，"公廨钱"就是官员们从朝廷借来的本钱。官员们用公廨钱进行经营，所获利润用来解决生计问题，并补充官府衙门行政费用的不足，就形成公廨钱经营方式。然而，公廨钱经营方式一经产生，就是一个充满争议的新生事物。

隋文帝开皇十四年（公元594年），工部尚书苏孝慈批评有些官员使用公廨钱放贷，唯利是求、烦扰百姓、败损风俗，因此奏请朝廷限制公廨钱的用途。出于农本主义思想，苏孝慈主张将公廨钱的用途限制在经营农业方面。开皇十七年，隋文帝诏令允许京师及各地衙署使用公廨钱在市场上交易买卖，以及在各处经营生意，唯不准使用公廨钱出借放贷收取利息。

到了唐朝，官员们的俸禄远少于隋朝，京司和各地州县就都设置了公廨田，供应公私的花费。以后，各级官府衙门用度仍然不足，京城各司的衙署就设置了公廨本钱，交给番官们去做买卖，收取利息，充作衙门官员们的俸钱。

贞观十二年，唐太宗取消了公廨本钱。贞观十五年，唐太宗又恢复了公廨本钱，并将其规范化，加设了"捉钱令史"。

有了本钱和朝廷的指令，"捉钱令史"们就开始打着朝廷的旗号下海经商，与百姓交易。官员与百姓交易，各自代表的利益不同，各自的法律地位也不相同。用一句现代的法律语言来说，两者之间的关系，不是平等民事主体之间的关系。百姓与官员交易，不能平等，百姓自然很不情愿，无奈官方势大权重，只得勉强顺从。然而，"捉钱令史"们背着朝廷的高利贷，不赚钱是不行的，必须交易，必须赚钱，有条件要做，没有条件创造条件也要做。于是，强买强卖之风兴起，商品经济随之愈加衰败。

凶残的"捉钱令史"借助朝廷政令的东风，可以从民间弄到许多钱。善良的"捉钱令史"不愿从民间弄钱，就自掏腰包，缴足高利贷的利息，也可以补授实缺官职。于是，"捉钱令史"就成为做官的捷径，引起知识分子官员们的强烈不满。

## 褚遂良谏废公廨钱

作为高级知识分子官员的褚遂良坐不住了，上书皇帝，反对关于"捉钱令史"的设置。褚遂良指出，京师有七十多个官府衙门，现在设置六百多位"捉钱令史"，一年以后都可以实授官职。如此下去，用不了多久，官员的位置都要被"捉钱令史"占满。朝廷学府培养的知识分子，地方挑选的知识分子，优中选优地择出品德高尚者来做官，还免不了有些人营私舞弊。现在使用"捉钱令史"，培养出这些逐利之徒，个个都给官职，利用职权盘剥百姓，此后如何得了。

唐太宗正在标榜崇尚任贤纳谏、广开言路、兼听则明的开明政治，得到褚遂良的奏章之后，立刻批准同意，"太宗乃罢捉钱令史，復诏给百官俸。"[12]

"捉钱令史"们停止下海经商，返回原岗位工作。唐太宗百官们的工资，也不再依靠官员们下海经商所得，唐太宗命令朝廷给百官发放俸禄。

中国历代皇帝中，唐太宗是最开明的，他鼓励大臣们给他提意见。隋炀帝时期有一位著名的佞臣名叫裴矩，对隋炀帝从来不提反对意见，一味阿谀奉承，做尽了坏事。唐太宗任命裴矩为民部尚书。裴矩听说唐太宗喜欢听反对意见，就一个劲儿地给唐太宗提反对意见，搞得唐太宗非常开心。宋代著名的史学家司马光评价说：

古人有言：君明臣直。裴矩佞于隋而忠于唐，非其性之有变也。君恶闻其过，则忠化为佞；君乐闻直言，则佞化为忠。是知君者表也，臣者景也，表动则景随矣。[13]

司马光说得明白，裴矩还是那个裴矩，其性格并没有变化。隋炀帝不喜欢听意见，他就不提意见；唐太宗喜欢听意见，他就提意见，皇帝喜欢什么他就干什么。皇帝就是个标杆，大臣就是个影子，标杆是什么样子，影子就是什么样子，标杆动影子也动。

唐太宗喜欢有人提意见，大臣们就纷纷给他提意见。仅仅

---

[12]《新唐书》卷五五《食货五》，中华书局，1975年版，第1395页。
[13]《新唐书》卷五五《食货五》，第1395页。

喜欢听还是不够的，重点在于能够接受。为了鼓励大臣们提意见，唐太宗闻过则喜，广泛纳谏，大部分意见都能够接受。褚遂良反对设置"捉钱令史"，唐太宗就取消了"捉钱令史"。过了一些时日，到了贞观二十二年，又有人提意见，说公廨钱经营是个好办法。唐太宗知错能改，纳谏如流，又恢复了公廨钱，并且恢复了"捉钱令史"的设置。

# 二、第五琦与虚钱
## —— 大唐王朝创建的虚钱概念

第五琦是长安人，善于理财，做过唐肃宗时期的宰相。

早在安禄山起兵造反时，第五琦在北海郡太守贺兰进明手下作录事参军。安禄山的军队拉枯摧朽般杀将过来，贺兰进明不敢与之抵抗，迅速丢失了防地。唐玄宗大怒，派人送刀给贺兰进明，军法胁迫，强督作战。第五琦劝贺兰进明多用财帛，厚赏勇士，出奇力战。听从第五琦的建议，贺兰进明果然收复了失地。此后，贺兰进明派第五琦去蜀中向唐肃宗报告战况。第五琦对唐肃宗说，现在最要紧的事情就是打仗，打仗的胜负取决于有没有足够的钱。第五琦请求唐肃宗给他一个名正言顺的职务，让他去筹钱来支持军用。唐肃宗接受了第五琦的建议，给他任命了好几个官衔。第五琦就打着朝廷的旗号，着手整顿盐铁专营，虽然名义上不增加百姓的税赋，但实际上却从百姓手里收来许多钱，用来支持唐王朝的平叛战争。此后，第五琦建议朝廷铸行大钱，用来以一换多地从民间掠取资财。铸行大钱的政策达到了显著的效果，为朝廷平叛战争赢得了经济实力上的优势。此外，铸行大钱的政策，引发了大唐王朝君臣们更为丰富的想象，由此产生了虚钱的概念。

## 战争使财税枯竭

天宝十四年（公元 755 年），北方边镇胡人将领安禄山以诛杀奸臣杨国忠为名，在范阳起兵南下。安禄山的军队所向披靡，迅速攻占了洛阳。战争进行到第二年，唐玄宗放弃长安，率禁军仓皇西逃。在逃亡的道路上，禁军哗变，杀死权臣杨国忠，逼迫唐玄宗缢杀杨贵妃，之后簇拥唐玄宗继续西逃。同时，太子李亨在灵武即位，是为唐肃宗，遥尊唐玄宗为太上皇。

当时战乱严峻，河北被叛军割据，河南、山东、荆襄和剑南都驻有各路平叛军队，这些地区的赋税都不上缴朝廷。因此，朝廷用于战争的费用全部由淮南和江南百姓承担。各路军队时常叛乱，叛军和朝廷军队各自纵兵抢掠百姓，江淮人民饱受劫难。战争使田地荒芜，江淮地区饥荒严重，饿殍遍野。朝廷为战争募资，加紧搜括民财，设立的苛捐杂税名目繁多。

连年不断的战争，耗费了朝廷和民间大量的物资。各地节度使乘机扩大地方军事割据力量，藩镇与朝廷对峙的局面逐步生成。民间穷苦，百姓流离失所，卖儿卖女，大量死亡。朝廷穷苦，就要想办法从民间掠取钱财。然而，战争使朝廷财税枯竭。税既枯竭，朝廷从民间掠取物资的办法，就只有铸行大钱了。

## 第五琦请铸大钱

唐肃宗乾元元年（公元 758 年），正值朝廷组织军队围剿叛军时，担任铸钱使的第五琦奏请朝廷铸行"乾元重宝"大钱。"乾元重宝"钱法定直径一寸，每千枚法重十斤。一枚"乾元重宝"钱法定兑换十枚流通中的"开元通宝"钱。"开元通宝"钱法定直径八分，每千枚法重六斤四两。在直径和重量两方面，

"乾元重宝"钱比"开元通宝"钱都要大一些。但是，一枚"乾元重宝"钱法定兑换十枚"开元通宝"钱，按含铜量计算，朝廷用十斤铜就可以从民间兑换六十四斤铜。所以，反复兑换更铸，铸行"乾元重宝"钱就成为朝廷发财的捷径，成为朝廷为了支持战争而从民间掠取钱财的有效措施。

战争需要钱财，从民间掠财，也需要冠冕堂皇的理由。唐肃宗颁诏批准了第五琦的建议，他不仅命令铸行"乾元重宝"大钱，以一当十，并且详细阐述了铸行"乾元重宝"大钱的理由：一是改革币制有先例可循，只要有利于朝廷，也有利于百姓，就可以做；二是国家有难，朝廷缺钱，需要大家出力。汉武帝时也有过类似的措施；三是朝廷改铸新钱，但不废旧钱，大家日子照常过，这也是效法古人。

于是，货币改制顺利进行，"乾元重宝"钱与"开元通宝"钱二品并行流通。朝廷以少换多，收敛了大量的钱财。

## 大钱政策使用过度

铸行"乾元重宝"钱，朝廷敛财的目的达到，得偿所愿。朝廷所得的价值，被用来有效地支持了"保卫国家"的战争。出主意的第五琦不久之后便被升任宰相。

铸大钱的办法真好使，好得出乎意料。第二年，第五琦乘胜扩大战果，下令铸行法定兑换五十枚"开元通宝"钱的大钱，仍然铭文"乾元重宝"，只是加大了重量，加厚了外廓。这种大钱，法定直径一寸二分，每千钱重量十二斤，由于外廓厚重，

【唐朝宰相】

所以被人们称之为"重棱钱"或"重轮钱"。

于是，"重棱钱"、"乾元重宝"钱及"开元通宝"钱三品并行流通。"重棱钱"最大、最重。但朝廷仅用十二斤铜铸造一千枚"重棱钱"，就可以从民间兑换五万枚"开元通宝"，其含铜重量可达三百二十斤，朝廷从中获利数十倍。因此，朝廷只要不断地销毁旧钱更造"重棱钱"，很快就可以将民间资财大部分划为己有。同时，市场上大钱充斥，引起严重的通货膨胀，每斗米的价格居然涨到七千钱。百姓平生积蓄的"开元通宝"钱，瞬间缩水，几乎化为乌有。市场上的粮食物资，被官兵用大钱洗劫一空。许多百姓饿死，尸体布满道路。为了活下去，百姓们不得不开始盗铸大钱。

这种情形如同汉武帝铸行白金三品和王莽铸行大泉五十时的状况。但是，汉武帝和王莽都是帝王，权威无上，错了也无人敢来问责。而第五琦只是宰相，难辞其咎。第五琦搞乱了币制，不久就丢掉了宰相的职务，被贬到忠州去做长史。然而，第五琦没有能够走到忠州，半路上就被朝廷截住，发配流放到夷州去了。不可否认的是，第五琦确实是个理财高手，善会聚敛民

中国货币法制史话

财，"乾元重宝"切实解决了朝廷缺钱的困境，使朝廷最终赢得了平叛战争的胜利。唐肃宗晚期，第五琦又被重新起用，后来做过朗州刺史、御史大夫、京兆尹、判度支、铸钱使、盐铁使、转运使、常平使、户部侍郎、太子宾客、东都留守等许许多多官职，死后还追赠了太子少保。

## 虚钱概念的产生

唐肃宗将第五琦赶出朝廷，并不意味着朝廷不缺钱了。相反，唐肃宗立刻要求百官研究钱币改制的问题。经过讨论，百官认为新钱不宜销毁更铸，但可以改变兑换率。上元元年（公元760年），朝廷下令改变"重棱钱"、"乾元重宝"钱及"开元通宝"钱之间的法定兑换率。一枚"重棱钱"法定兑换三十枚"开元通宝"钱；一枚"乾元重宝"钱法定兑换十枚 "开元通宝"钱；一枚"开元通宝"旧钱法定也兑换十枚"开元通宝"钱。

这是一个很奇怪的安排，它实现了名目货币与金属货币在概念上的分离，一枚金属货币的名目价值被法定为十枚它本身的价值。从此，中国古代钱币出现了"虚钱"与"实钱"名称的区别。

上元元年，减重轮钱以一当三十，开元旧钱与乾元十当钱，皆以一当十，碾磑舋受，得为实钱，虚钱交易皆用十当钱，由是钱有虚实之名。[14]

---

[14] 《新唐书》卷五四《食货四》，第1387页。

在商品买卖计价时，需要用名目货币即虚钱来计价，实际交割时，还要用金属货币即实钱本身来交割。此时出现的虚钱，不同于过去朝代的大钱。过去朝代的虚币大钱，是朝廷铸行比流通中旧钱

【唐三彩马】

略大略重的钱，法定其与流通中旧钱的兑换比率，以一当多地兑换流通中的旧钱，从而实现掠取民财的目的。而此时出现的虚钱，则是朝廷直接对流通中的旧钱宣布法定价值，以一当多地代表旧钱本身行使大钱职能。这种奇怪的货币制度，是在唐肃宗时宰相第五琦连续铸行大钱之后产生的，其目的也是为了掠取民财，支持战争。

但是，这种货币制度安排很不容易被大家理解，唐肃宗不得不下诏书予以说明。在诏书中，唐肃宗讲了一番大道理之后说，目前的钱币流通确实出现了比较严重的问题，物价上涨，人心不安。为了化解矛盾，我们可以采用折中的办法：那个当五十的钱，当得太多啦！我们给它减一减，当三十好啦！新钱还是当十好啦，旧钱也当十好啦，大家都当十，应该没有什么矛盾了吧？但是，这办法是不是好使，咱们心里也没有底，先在京城和京城附近的地区试行一下，各州地方等着朝廷的指示

中国货币法制史话

吧。唐肃宗在京城和京城附近地区搞的实验，不久就有了下文。在实验开始后的第二个月，朝廷就宣布将"重棱钱"的价格从每枚五十枚虚钱降低到每枚三十枚虚钱，并且通告全国执行。宝庆元年（公元762年），唐玄宗和唐肃宗先后去世，朝廷对钱币流通又进行了全面的改制："乾元重宝"钱从一枚法定兑换十枚虚钱改为法定兑换两枚"开元通宝"实钱；"重棱钱"被分为大小两种，分别可以兑换两枚和三枚"开元通宝"实钱。不久，朝廷又将所有钱币的价格统一起来，全部以一兑一地进入流通，虚钱的概念被停止使用。

第三辑 通宝钱

# 三、杨炎与钱荒

### —— 先进的税收制度带来的商品经济衰退

杨炎一生颇为传奇，出身道德名门世家，自身仪表堂堂，文学才华横溢，致仕为官一路升至宰相，做了许多惊天动地的事业。杨炎的父亲杨播就是非常有名的隐士。杨炎青出于蓝而胜于蓝，孝行更能感天动地，父母去世后杨炎哭坟，竟然哭出来白雀飞于天，紫芝生于地的奇景，所以出来做官一路亨通。虽然如此，杨炎最后却因谋害同僚刘晏，惹得众怒，不但被罢官免职，还被皇上赐死，不得善终。综观杨炎一生，最轰轰烈烈之举，就是推行两税法，引发了钱荒，大唐帝国的商品经济由此从繁盛走向衰退。

## 杨炎奏请实行两税法

唐德宗即位后不足三个月，就破格任命杨炎为宰相。杨炎一上任即奏请实行两税法。建中元年（公元980年）正月，唐德宗采纳了杨炎的建议，颁行两税法。从建中元年实行两税法，至建中二年杨炎被赐死，仅仅一年多，朝廷便几乎刮尽了民财，也将国家带入削藩战争的浩劫中。

其实，两税法的许多内容，如夏秋两税、据贫富征钱、按亩计税等，在唐德宗的父亲唐代宗时就已有之。而两税法的不同，主要在于两个方面：一是改"量入为出"为"量出以制入"；二是改"以粮绢计税"为"以钱计税"。过去朝廷征税，由于在均田制的基础上，人均耕种面积一样，故只按人头征收粮绢为税。朝

【横征暴敛】

廷量入为出，根据税收数量，制订开支计划。杨炎会忽悠，一边高呼减少百姓负担，取消按人头征收粮绢税的定额，一边又让朝廷按实际需要向百姓征税。并且，过去百姓自己生产什么，就以什么计税，而现在统统要缴纳铜钱，百姓需要先将产品出售，换得铜钱用来纳税。

大唐帝国，适逢乱世，用钱的地方太多。就在两税法实施的当年，朝廷就"量出为入"，征得铜钱大约三百亿枚，比较唐朝经济最鼎盛的唐玄宗天宝年间每年不过二十亿文铜钱的税收，多达15倍。天宝年间纳税户口约九百万户，经过安史之乱，

建中元年纳税户口下降到三百万户。折算下来，实行两税法时，平均每户缴纳铜钱的数量达到天宝年间平均每户缴纳铜钱数量的四十五倍。两税法实是看不见的利器，将民间的铜钱一扫而光，钱荒由此出现，百姓有钱也不敢花，藏着留待明年纳税之用；朝廷积极备战，用铜钱从国内外市场收购军用物资，并发放粮饷。建中二年（公元981年），削藩战争爆发，朝廷的军队虽连战连捷，但耗资巨大。两税法收敛的三百亿文铜钱杯水车薪，在备战初期就已用掉大半，仅十多个月之后，"量出以制入"便失效，百姓手里已分文皆无了。朝廷转而向商贾借贷，商贾不情愿，官府就用大棒伺候，打得商人们上了吊，终于筹得二十亿文，也仅够两月军费。建中四年六月，朝廷终将商人的铜钱搜刮干净，便又采纳判度支赵赞的建议征收间架税，凡居于房内之人，每大间交两千文钱，中间交一千文钱，小间交五百文钱，再次筹得大约三十亿文铜钱。自此，民间铜钱被搜刮殆尽，朝廷连军饷也发不出了。领不到军饷的军队开始哗变，京师长安被哗变的军人占领，唐德宗率群臣逃到咸阳。哗变的军人拥立朱泚在长安做了大秦皇帝，唐德宗再逃至汉中。后来唐德宗不得不布告天下，承认错误，赦免叛乱，表扬勤王的军队，终于收住了逃跑的脚步。

## 钱荒造成商品经济衰退

两税法的实施，带来了钱荒。钱荒的出现和持续，给唐朝繁荣的商品经济带来了毁灭性的打击。

钱荒即为铜钱之荒，民间无钱，物价自然暴跌。百姓出售产品，却无人有钱来买，致使农商破产，百姓生活潦倒不堪。不仅如此，由于百姓手中无钱，商品交换只好退回到以物易物的原始方式。这是货币经济的严重倒退，是对以货币为媒介的商品经济的严重打击。唐德宗之后，继任几代皇帝虽多次下诏钱帛兼用，绫、罗、绢、布、粟均为法定货币，但皆未能挽救商品经济的衰退。从唐德宗的军队哗变开始，大唐王朝慢慢失去了中央集权的统治力量，地方藩镇势力日益强大，大唐帝国从此处于风雨飘摇之中。

钱荒还使社会财富流向特殊利益阶层，地方官吏借朝廷之名逼迫百姓以钱纳税，社会豪强趁机发放高利贷牟取暴利。相反，百姓手头无钱，朝廷只好再次改收粮绢为税，但由于物价暴跌，百姓缴纳粮绢的数量比两税法之前增加了数倍。于是，社会贫富差距进一步加大，社会矛盾也进一步激化。

钱荒对历史的发展产生了诸多影响，其中还有一点非常突出，即中国货币法制的重点从此出现了划时代的转变。过去的一千年中，中国历代王朝货币法制的重点都是限制百姓盗铸铜钱，抑制由于铜钱过多引发的通货膨胀。唐代钱荒的爆发，使货币法制的重点转向限制百姓销毁铜钱，抑制由于铜钱过少引发的通货紧缩。为此，朝廷还采取了一系列法律措施。如开放民间采矿冶铜，以供朝廷铸造铜钱，增加铜钱的供给。再如，禁止百姓销毁铜钱铸造铜器，禁止百姓蓄钱和挟钱出境，以限制铜钱流失。唐朝关于货币法制重点的转变，影响到后世各个王朝的货币立法。到了宋代，宋王朝将抑制铜钱减少的法律进一步制度化，形成了一整套保护铜钱流通总量的法律法规。

## "以钱计税"法终被废黜

唐德宗去世后,其子唐顺宗即位,但因风疾不能说话,只做了六个月哑巴皇帝就再次传位给太子,即唐宪宗。唐宪宗很得太宗遗风,将老爸奉为太上皇,自己集中力量消灭藩镇,并且很有一些建树,创建了类似"贞观之治"的"元和中兴"。藩镇势力不敌朝廷,只好拱手称臣。唐宪宗打仗同样需要钱,"以钱计税"的办法也被继续沿用,以便从百姓手里搜刮钱财物资。后来,唐宪宗因重用宦官,在宫廷斗争中被宦官刺死,朝廷迎来了下一位皇帝,是为唐穆宗。

【攻打藩镇】

唐穆宗时期,已是赐死杨炎四十年之后了。此时战争已经平息,唐穆宗专心舞蹈和杂耍。又是一个姓杨的人,名叫杨于陵的户部尚书出来说话。杨于陵选择的时机较好,成功地废黜了"以钱计税"的办法,解决了百姓赋税过重的问题。自此,为患民间四十年的钱荒问题终于得到了初步的缓解。

现代学者对唐代的钱荒,大致保持一致的看法,即承认钱荒对经济发展产生了巨大的破坏作用。但是,对两税法的评价却截然相反，大多持赞扬的态度，认为两税法是税收制度的一大进步。研究中国古代史的学者认为，两税法的进步意义，在于有助于商品经济的发展；研究税赋史的学者认为，两税法"量出以制入"，意在限制滥征，减轻人民负担；研究货币史的学者认为，两税法在一定程度上促进了商品与货币关系的发展。

然而，古代学者对于两税法却多持否定态度，认为两税法是唐德宗为了准备战争的无奈之举，并且使百姓陷入了长期的苦难之中。唐代大诗人白居易经历了两税法导致钱荒爆发的过程，曾赋诗诉说两税法给人民带来的苦难。在说明两税法产生的原因时，诗中说："兵兴一变法，兵息遂不还。"至于两税法存在的问题，诗中说："私家无钱炉，平地无铜山。胡为秋夏税，岁岁输铜钱？"关于百姓承受的苦难，诗中说："钱力日已重，农力日已殚。贱粜粟与麦，贱贸丝与棉。岁暮衣食尽，恶得无饥寒？"

两税法"以钱计税"，确实是我国古代税收制度上的一个伟大的进步。但是，如果它没有立即导致钱荒的爆发，没有导致大唐商品经济走向衰败，它就是适合当时经济发展状况的税收制度。不幸的是，事实恰恰相反。试想，民间市场的铜钱，一部分流出境外换得马匹和军械，一部分储藏在朝廷库府，准备战争军饷及赏赐战士，百姓手头仅余的一点铜钱也被藏起来留待来年纳税之用，正常的商品经济无论如何不可能在没有货币的情况下发展，货币经济也绝对不可能在没有货币的情况下进行。因此，两税法实施之后，商品经济衰退便成为注定的结局。

# 四、王安石废除钱禁

## —— 北宋后期钱荒的爆发及其影响

王安石是我国历史上著名的文学家和政治家。他在文学方面造诣精深，唐宋八大家之一的殊荣当之无愧。但是作为政治家，尤其是一个改革家，其功过是非却很难定论。在他领导的变法运动中，废除钱禁引发钱荒，对北宋后期商品生产和商品交换产生了怎样的影响，至今仍是值得研究和探讨的问题。

### 北宋的钱禁法令

钱禁法令是关于钱币的禁止性法令，一则禁止百姓铸造铜钱；二则禁止百姓毁钱铸器或挟钱出境。禁止百姓铸钱主要是为了维护朝廷对铜钱铸造的垄断，保证朝廷专享铸币利益。禁止百姓毁钱铸器或挟钱出境则是为了防止货币流失，避免因货币流通总量减少而引发的货币短缺型经济萧条。王安石的变法，虽废除钱禁，但并未废除禁止百姓铸钱的法令，只是废除了禁止百姓毁钱铸器及挟钱出境的法令。

北宋之所以颁行钱禁法令，一是因为源于唐代的钱荒问题，二是由于北宋时期商品经济的发展，造成社会对货币流通总量的需求大幅度增加。

钱荒始于唐代中叶唐德宗颁行的"两税法"。由于禁止毁钱铸器，铜器便成为稀缺的奢侈品，铜器和铜材的价格暴涨，铸造铜钱的利益随之消失，无论官方还是民间，都不愿铸造铜钱，所以货币短缺成为常态，严重地限制了商品经济的发展。直至北宋初期，这种局面仍未改变，朝廷只好沿袭唐朝的货币立法规定，货币法制的重点是维持铜钱的流通总量，严禁百姓挟钱出境，严禁百姓毁钱铸器。宋太祖赵匡胤登基之后，敕令百姓不得挟钱出境，挟钱十贯以上出境者，处以死刑。八十年后，宋仁宗攻打西夏，大败于三川口，宋王朝进一步严肃法令，挟钱一贯以上出境者，处于死刑。对于毁钱铸器的行为，宋王朝也采用了极端严厉的打击措施，即对违禁者也是处以死刑。宋太宗曾颁布诏书，对毁钱铸器者处以斩首的刑罚。

【饥饿流民】

北宋初期的货币立法虽然如此严厉，但铜钱还是不够用，朝廷不得不铸造大量的铜钱。北宋也由此成为中国古代铸造铜钱最多的朝代。随着铜钱的持续性短缺，北宋发行了纸币——交子。这一举措成为中国货币法制史上重要的里程碑，中国货币法制的方向从此发生逆转，从历代王朝限制盗铸、防止铜钱过多引发的通货膨胀，转为限制铜钱外流或损耗，防止铜钱过少引发的经济萧条。宋朝的货币立法，摒弃了过去延续千年的基本方向，开始走向反面。这一变化，标志着中国古代的社会经济，已经从初级的商品经济，步入前所未有的高级阶段，宋朝货币立法的主要目标，即定位在保护货币流通总量方面。

### 变法废除钱禁

宋神宗熙宁七年（公元 1074 年），王安石变法废除了钱禁法令。王安石不仅废除了禁止百姓挟钱出境的法令，而且还废除了禁止百姓毁钱造器的法令，结果造成流通中铜钱总量大幅度减少，很快就引发了钱荒。

废除钱禁法令，并非是当时北宋君臣们盲目废旧立新的结果，而是经过王安石认真思考策划，作为变法运动中的重要环节提出并实施的。王安石变法的核心目的是富国强兵，如何通过变法来富国强兵，他借鉴了战国时期的成功经验。战国时期的国际贸易思想是鼓励进口，即鼓励金属货币流出，物资流入。如果我国物资价格高于外国，外国每釜粟米价格一百钱，我国每釜粟米价格一千钱，就可以使外国的粟米迅速流入我国。既然要打仗，粮食、马匹、军装、军械最为重要。金属货币流出，换取军事物资流入，战争胜利后，占领了外国的国土，金属货币便仍在我国的占领区内流通。王安石是饱学之士，自然深知物资在战争时期对于战争胜负的重要性。因此，要使外国的军用物资流入本国，就要开放钱禁，允许铜钱流出，才能换取大量的物资流入。

王安石变法的内容，集中在三个方面：理财、强兵和育才，三者中最首要的是理财。为了发展生产，王安石实行了农田水利法和青苗法；为了朝廷的增收节支，王安石实行了方田均税法和均输法；为了从民间征收更多的铜钱，王安石实行了免役法和市易法。免役法允许百姓通过缴纳铜钱给官府来免除劳役；市易法是官府将库存物资交给商人，商人出售物资后还款给官府，年息百分之四十。通过免役法和市易法，朝廷从民间收获了大量的铜钱。王安石理财思想是收敛民间财富，补充朝廷军用。此思想由来已久，早在宋仁宗时期就已经考虑成熟。王安石的变法，正是贯彻了他的这一思想，一是参考历史成功的经验，效法先王之政；二是收天下之财，以供天下之费。

王安石关于开放货币管制，废除钱禁法令的思想，并非是当时社会上的主流思想，而关于"收天下之财以供天下之费"的主张也并没有得到朝野普遍的认同。重视国际贸易及占有金属货币财富的重商主义思想，在北宋时期已经被人们广泛接受。到了南宋时期，这种重商主义思想又传入金朝。当时，金朝人购买南宋的茶叶，使得金朝每年有三十万两白银流出国境。金宣宗元光二年（公元1223年），金朝立法禁止白银流出国境，违禁者徒五年。总之，北宋时期人们已经认识到占有金属货币

在国际贸易中的重要意义。所以，王安石废除钱禁法令，遭到
许多知识分子的反对。

## 随即出现的钱荒

【饮恨半山】

王安石废除钱禁法令之后，由于铜钱开始毫无阻碍地外流，同时又有大量铜钱被销毁铸器，加上免役法又使铜钱从民间流向朝廷，很快就爆发了钱荒。

钱荒造成的第一个重要影响是导致商品生产的衰退。由于百姓生产物资，官府生产铜钱，钱荒造成钱贵物贱，所以百姓售出自己的大部分产品，仍不足以缴纳官府规定的税赋，结果是十室九空，全民穷困，商品生产遭到阻断。苏轼对此评价说："免役之害，掊敛民财，十室九空，钱聚于上，而下有钱荒之患。"

钱荒造成的第二个重要影响是物价迅速下降，商品交换遭到阻断。分析其原因，司马光强调免役法造成铜钱流入官府的因素。司马光说："比年以来，物价愈贱，而间阎愈困，所以

然者，钱皆聚于官中，民间乏钱——故也。"

　　钱荒造成的第三个重要影响是朝廷支配社会财富的能力增强。宋钦宗时期给事中孙傅说："祖宗法惠民，熙、丰法惠国。"北宋前期的法律对百姓有利，王安石新法对国家有利。朝廷支配社会财富的能力增强了，就拥有了发动战争的军费；百姓的财富减少了，百姓就愿意当兵吃饷，所以富国和强兵两项变法目标都实现了，于是宋神宗就发动了对西夏的战争。元丰四年（公元1081年），宋神宗令攻西夏，宋军攻打灵州及永乐城，死亡士卒、民夫六十万，大败而归。

　　就在王安石废除钱禁法令的当年，宋神宗的生母流着眼泪，面对神宗大骂王安石变法乱天下。王安石的学生郑侠也送上"流民图"，称流民扶老携幼，充满道路，一个个身无完衣，吃草根、食树皮，惨不忍睹，要求朝廷全面废除新法。于是，王安石被免去宰相职务，贬知江宁府。王安石走后，资历很老的大臣张方平便上书要求恢复钱禁。但是，宋神宗并没有理睬张方平，一年以后重新起用王安石为宰相，变法运动在斗争中跌宕起伏地进行下去。十年以后，宋神宗去世，其子赵煦即位，是为宋哲宗。宋哲宗即位后不久，就按照宋仁宗《嘉佑编敕》的法条，恢复了钱禁法令。

# 五、蔡京铸行当十钱
## —— 北宋王朝灭亡前夕的通货膨胀

蔡京是北宋末期的权臣，宋徽宗时期五度为宰相，经历了北宋王朝走向灭亡的整个过程。蔡京也是臭名昭著的奸臣，生平被记载在《宋史·奸臣传》中。蔡京任宰相时，出台了许多政策，其中包括发行虚币大钱，从民间收敛钱财，用于攻打西夏、镇压方腊起义、联金灭辽等军事行动。蔡京采取的虚币大钱政策，造成了严重的通货膨胀，使北宋末期的商品生产和商品交换遭受重大创伤，在经济上敲响了北宋王朝的丧钟。

## 熙宁变法的继承者

宋神宗熙宁二年（公元 1069 年），王安石变法开始，史称熙宁变法。王安石变法的目的在于富国强兵，这一目标很快就实现了，朝廷获得了足够的军事物资和兵源。于元丰四年（公元1081 年），宋神宗发动了对西夏的大规模战争，结果宋军惨败。

宋神宗欲立盖世奇功的梦想破灭，很快就忧郁病死。

宋神宗死后，赵煦即位，是为宋哲宗，而朝廷的实际掌控人则是宋神宗时期的高太后。高太后这时已是太皇太后，她把持朝政，否定熙宁变法，开始了元祐更化。高太后病死后，熙宁党人势力又起，元祐党人纷纷遭贬。宋哲宗英年早逝，没有儿子，他的异母弟弟赵佶即位，即宋徽宗。宋徽宗即位后，朝廷权力移至向太后手中。向太后也反对熙宁变法，熙宁党人再遭打压，元祐党人势力又起。半年之后，宋徽宗开始主政，宣布平息党争，建元年号"建中靖国"，意思是不偏不倚，团结治国。不料，向太后很快就去世了，宋徽宗立刻更改年号为"崇宁"，开始崇尚熙宁变法，起用熙宁党人。

蔡京的弟弟蔡卞是王安石的女婿。熙宁年间，经王安石的举荐，蔡京进入中书礼房学习公事。由于王安石的支持，蔡京官运亨通，一路扶摇直上，不久官至中书舍人、龙图阁侍制、权知开封府。元祐更化时期，蔡京作为熙宁党人，被贬出朝廷，到地方为官。宋徽宗亲政之后，起用熙宁党人，蔡京便以熙宁变法继承者的形象出任宰相，重新启动了变法改革的大业。

## 大量铸行当十钱

崇宁元年（公元 1102 年），蔡京被任命为宰相，立即下令重新推行宋神宗时期的各项新法。此时，有个名叫许天启的熙宁党人，当时担任陕西转运副使，为迎合蔡京，请求朝廷铸造当十钱。王安石变法时，曾经大量铸行折二钱。此时若铸行当

十钱，名义价值比折二钱骤增五倍，侵害百姓利益意图过于明显，蔡京颇为顾忌，所以暂铸折五钱，试行以观其效。当年五月，朝廷下令陕西、江州、池州、饶州、建州，将准备当年铸造小平钱的铜料用来铸造折五钱。折五钱铭文"圣宋通宝"，其重量比小平钱略重一些。折五钱名义价值是折二钱的两倍半，试行成功，未出问题。不久之后，朝廷即下令按照陕西大钱形制铸造折十钱，限当年铸行折十铜钱三亿文，折十铁钱二十亿文。蔡京之所以这么做，一是认为折十钱在折五钱已经进入流通的基础上铸行，比折五钱仅大两倍，不会引起市场剧烈反应；二是估计当时钱币流通总量约为两千亿文至三千亿文，初行折十钱的数量不足钱币流通总量的十分之一，对货币购买力影响不会太大；三是考虑折十钱在宋仁宗时期已有先例，可以参照祖制铸造。

宋仁宗康定元年（公元1040年），宋军攻打西夏，陕西地方官府供应军费不足，所以奏请朝廷铸造大铜钱与小平钱并行，大铜钱以一兑十。此后，又造折十铁钱，引发民间盗铸，于是

【宰相蔡京】

钱法大乱。朝廷经过频繁调整钱法，方才逐步平息了钱法的混乱。蔡京采用陕西大钱的形制铸造当十钱，是为了托借祖制，取得货币改制的合法性。

折五钱铭文"圣宋通宝"，折十钱铭文"崇宁重宝"。从出土文物看，"圣宋通宝"数量极少，其原因是铸行不久后即改铸"崇宁重宝"。北宋时期铸行虚币大钱，多采用"折"字表示其折合的数量。宋徽宗时期铸行的当十钱，最初被称为"折十钱"。崇宁二年（公元1103年）十月，宋徽宗下令将"折十钱"改称"当十钱"。《皇宋通鉴长编纪事本末》载："诏改折二、折十并作当二、当十称呼"。陆游《家世旧闻》卷下亦载："初，熙宁间铸折二钱，故崇宁大泉始亦号'折十'，已而群阉谓徽宗乃神宗第十子，而'折'非佳名，遂称当十，已而遂降旨云。"可见，宋徽宗初年应称该钱为"折十钱"；崇宁二年诏改之后，应称该钱为"当十钱"。但是，文献记载中多有混淆。

### 宋徽宗的整顿措施

与王安石的遭遇类同，蔡京的做法也遭到朝野众人的反对。但是，蔡京此时当权，大家反对也没有用。崇宁五年（公元1106年）二月，天上出现彗星，有人乘机上书，指责蔡京的过失，蔡京被罢免了宰相的职务。不过，百姓盗铸当十钱的情况依旧泛滥，群臣纷纷上书批评当十钱。御史大夫沈畸上言指出，历史上各朝发行虚币大钱都是为了战争，这种措施怎么能够用于太平时期？铸造虚币大钱利益巨大，百姓自然盗铸。在这种情况下，盗铸者是杀不完的。此时，宋徽宗也感到铸行当十钱确实不妥，即诏令当十钱仅用于京师、陕西、河东、河北。随后，宋徽宗又令当十钱仅在京师所辖地区流通，其余各地全部禁止。百姓手中的当十钱，限期三个月内送交官府，以小钱偿还，而私人铸造的当十钱也限三个月内上缴官府，计算铜的价值增加十分之二，也以小钱偿付，隐藏者依法论处。但是，当十钱已经在全国流通，如何在一部分地区禁止使用，宋徽宗的诏令执行起来十分困难。

当十钱原来的法定价值较高，法定价值一旦变更，百姓凭空遭受巨大损失。此外，有的地方可用当十钱，有的地方禁止用当十钱，而官府收购当十钱的价格较低，百姓不愿将当十钱卖给官府，就违法私自将当十钱贩运到可以使用的地区使用。因此，朝廷一方面命令官府搜查车船，对缴获私运钱币者给予奖励，另一方面对失察官员进行处罚。但是即便如此，由于私钱多而滥，还是不能完全禁绝。

### 当十钱流通终于结束

蔡京罢相之后，宋徽宗采用了官方收购的办法，取消当十钱的流通，对私铸的当十钱，根据含铜量，偿付铜价的一点二倍。对于京师以外地区私铸的当十钱，每枚支付三枚小平钱。京师地区官方出纳及百姓贸易，诏令采用大小钱混合使用的办法，即一枚当十钱只能当一枚小平钱使用。于是，当十钱出现了至少三种价格。

于是，钱法越搞越乱，执法越搞越严。钱币流入市场，不知是否私铸，百姓恐罪，纷纷将钱币抛掷江河之中。大观元年（公元1107年），张茂直上言建议在市场上设置木箱，让百姓将钱投入箱中，以避获罪；已经抛弃在江河中的钱币，朝廷命令当地官府组织打捞。

【奇花异石】

　　就在这一年，蔡京重新入相，再铸当十钱。这次铸行的当十钱，采用京畿钱监所得私钱更铸，由宋徽宗书写钱文。为了保障虚币大钱的流通，蔡京动用严刑峻法打击盗铸。大观三年（公元1109年），蔡京又被罢相。大观四年（公元1110年），宋徽宗命令停止铸行当十钱，改铸小平钱。此时的宰相张商英建议使用银绢低价收缴当十钱。政和元年（公元1111年），宋徽宗命令当十钱贬值为当三钱。大钱贬值，许多人家资财缩水，震动很大。就在这一年，张商英被免。政和二年（公元1112年），蔡京第三次被任命为宰相。这次给蔡京帮忙提议铸行当十钱的人名叫虞防，他的官职是知永嘉县。但是这一次宋徽宗坚决不允。此后，蔡京再相再贬。宣和六年（公元1124年），蔡京第五次拜相。此时，北宋王朝已经摇摇欲坠。一年以后，宋徽宗禅位给其子宋钦宗，自己逃到镇江避难。

随着蔡京的宦海沉浮，铸行的当十钱也越来越多，通货膨胀愈演愈烈，米价涨到每石大约四百文至一千五百文，比北宋初期米价每石一百文至三百文的价格，上涨了大约三至五倍。绢价涨到每匹大约两千文，比较北宋初期绢价每匹一千文左右的价格，上涨了大约两倍。严重的通货膨胀，使百姓的生活日益艰难，朝野反对蔡京的呼声也就日益高涨。待到金兵进犯，围攻太原、进逼京师，宋徽宗禅位于宋钦宗时，太学生就奏请朝廷杀蔡京以谢天下。

宋钦宗即位之后，将蔡京一贬再贬，几个月之后就将蔡京贬至海南岛安置。但是，蔡京没有能够到达海南岛，行至长沙中途就生病死了。蔡京死后数月，金兵攻入开封，将宋徽宗、宋钦宗掳去北国。于是，北宋王朝灭亡，当十钱的流通终于宣告结束。

# 六、陈其璋与晚清铜元

## —— 中国古代方孔圆钱流通的终结

陈其璋在光绪年间任江西道监察御史，是个名不见经传的普通官员。但是，陈其璋奏请朝廷官铸铜元，获得了光绪皇帝的批准。从此，官铸铜元开始在市场上广泛流通，逐步地取代了制钱。随着圆形无孔铜元流通的逐步增多，中国古代存在了两千多年的方孔圆形铜钱形态终于宣告结束。清王朝晚期铸造的制钱，从此逐步地退出了流通领域，成为历史的遗迹。

## 陈其璋奏请官铸铜元

为什么清朝晚期会出现铜元流通制度，其原因可以归纳为三个方面。

第一，制钱制度的败坏。清王朝实行制钱流通制度。咸丰元年（公元1851年），洪秀全发动了太平天国起义。清王朝调动军队镇压太平天国，花费了大量的金钱。咸丰三年（公元1853年），清王朝铸行虚币大钱以解财政危机。当时的虚币大钱共有五种，其中"咸丰元宝"两种：分别当千、当五百；"咸丰重宝"三种：分别当百、当五十、当十。朝廷铸行虚币大钱，铸造利益巨大，自然引发民间盗铸，继而便出现了严重的通货膨胀，使得制钱流通制度难以为继。由于铜材料价格昂贵，铸造制钱严重亏损，各官钱局陆续停止铸造制钱。同时，百姓熔毁制钱取铜，从中牟利，造成制钱流通数量大幅度减少。世界列强依靠坚船利炮打开了大清国的国门，中外通商带动了国内商品经济的发展，外国货币被称为"洋钱"，大量地涌入国内市场，所以中国需要有一种新型的本国货币与外国金融势力相抗衡。

于是创铸银、铜元，设置银行，思划一币制，与东西洋各国相抗衡。[15]

第二，继承大钱的流通。咸丰大钱铸行初期有五种类型，继而品类发展增多。光绪年间，各类咸丰大钱多被废黜，只留下当十大钱继续流通。铜元最初的铸行，便是仿照当十大钱的形制，价值亦确定为每枚兑换十枚制钱，相当于采用机器制造的没有方孔的当十大钱。

第三，香港"铜仙"的影响。第一次鸦片战争之后，道光二十二年（公元1842年），清王朝与英国签订了《中英南京条约》，将香港割给英国。英国统治香港后，即在香港发行银币和铜币。香港铜币面文"香港一仙"，重量七点四克，是价值一分的铜币，俗称铜仙。一百枚铜仙可以兑换一个香港银元。香港一仙由机器冲制，中间无孔，与浇铸方孔圆钱相比较，精美耐用，但其更为重要的特点是面值相当于当十大钱，制作成本却低于浇铸

[15]《清史稿》卷一二四《食货五·钱法》，中华书局，1977年版，第3648页。

【清朝御史】

的铜钱。

太平天国起义失败之后，国内大规模战争逐渐平息，商品经济恢复繁荣。清王朝试图采用机器制造铜钱，解决货币供应不足及品种繁杂的问题。光绪十五年（公元1889年），广东钱局用机器制造制钱，亏损甚巨。光绪二十年（公元1894年），清王朝下令停止使用机器制造制钱。光绪二十三年（公元1897年），江西道监察御史陈其璋奏请制造铜元，并指出铜元流通具有八个好处，可以解决四个问题：

　　需铜少而值钱多，利一。成色定而抵值准，利二。分为三品，市廛适用，利三。不穿中孔，工省价廉，利四。铜色精莹，人知宝贵，利五。往来便于携带，利六。鼓铸愈多，银价自长，利七。行用既广，物价亦平，利八。以言乎弊，则不禁自绝者四：花纹精工，难以伪造，一也。铢两分等，私铸难混，二也。值钱即多，毁熔无利，三也。抵值既准，兑换无可低昂，四也。[16]

---

[16] 印鸾章：《清鉴纲目》，岳麓书院，1987年版，第668页。

第三辑 通宝钱

123

陈其璋提出的主张，获得了光绪皇帝的批准。光绪二十六年（公元1900年），广东开始铸行铜元，获利颇丰。于是，清王朝下令沿江沿海各省开造铜元。此时，制造铜元盈利可达百分之三十，所以各省纷纷向外国订购机器，大量生产铜元。各省所造铜元皆文"光绪通宝"，但省名及花纹不同。光绪三十一年（公元1905年），户部奏称，铜元开铸已有十七省，设局多至二十处。至此，铜元流通制度已经基本形成，铜元流通数量巨大，在很大程度上替代了制钱的流通。

咸丰大钱的铸行，引发了民间大规模的盗铸，原本已经岌岌可危的制钱流通制度便遭受到最后一次致命的打击，从此一蹶不振。西方列强的入侵，带来新的生产技术和新的钱币形制。于是，机制铜元便应运而生，并迅速地取代了制钱的流通。

## 铜元的形制及其演变

光绪二十六年（公元1900年），广东最初制造的铜元每枚重量二钱，折合现代七点四六克，[17]与香港一仙的重量十分接近。铜圆的表面铭文"光绪元宝"四汉字和"广宝"二满字，周围有"每百个换一圆"字样，背面中央有团龙花纹，周围有英文KWANGTUNG ONE CENT（广东一仙）。

光绪三十年（公元1904年），新制造的铜元不再铭文"每百个换一圆"，而改为"每枚当制钱十文"，英文广东一仙也

---

[17] 清代1斤折合现代596.8克，清代1两折合现代37.3克，清代1钱折合现代3.73克。

改为TEN CASH（十文）。形制上的改变，表明铜元从与银元联系转为与制钱联系，从价值百分之一银元转为价值十文制钱。这一转变具有重要意义，铜元不再是银元百分之一价值的代表，而是体现独立价值的铜币。铜货币与银货币脱离，使得铜与银的比价具备了更为灵活的浮动空间，能够根据两者市场供求关系随时自动调整。

清王朝制造的铜元，主要有两种形式，一是"光绪通宝"；二是"大清铜币"。大清铜币的制造，比光绪通宝晚些。光绪三十一年（公元1905年），清王朝为了统一币制，命令各省开造格式相同的大清铜币，铜币正面文"大清铜币"四汉字，中心添加制造地名简称，两侧有"户部"二字，上端是大清铜币四满字，下端是"当制钱十文"。钱背中央仍为蟠龙，上端是"光绪（或宣统）年造"，下端英文 TAI CHING TI KUO COPPER COIN（大清帝国铜币）。

使用二钱重量的铜金属铸造当十铜钱，百姓不愿意接受，并会引起百姓的盗铸，造成严重的通货膨胀。使用二钱重量的铜金属制造机器铜元，当十枚制钱使用，百姓却愿意接受。由于铜元使用机器制造，百姓难以盗制，所以价值基本能够保持稳定。于是，铜元很快就取代了方孔圆形的制钱，成为主要的流通货币。

各省制造铜元，虽然基本形制统一，但仍存在区别，并且种类迅速增多。光绪元宝于光绪二十六年（公元1900年）首先制造于广东，至光绪三十一年（公元1905年）已有十七省制造，花样繁多，背蟠龙有坐龙、立龙、飞龙，花星有六花星、梅花星、五角星、十字星、半字星，书法、文字亦各不相同。

大清铜币一开始就在各省制造，龙形各不相同。两种铜元面额皆有不同，自一文至三十文不等，其中一文、二文、五文、三十文较少，多为十文、二十文品种。

## 制钱被铜元所取代

铜元由各省制造，初期的制造利润为百分之三十，所以各省奋力制造，铜元数量日益增多。据梁启超估计，自光绪三十年至三十四年（公元1904～1908年），各省制造铜元总量达一百二十余亿枚。[18] 如果我们估计各种面额铜元平均为每枚价值十文

【虎门禁烟】

制钱的话，一百二十亿枚铜元的价值就是一千二百亿枚制钱。在白银已经成为主货币的情况下，铜元作为小额支付手段，这个数额可以说是相当可观了。估计当时铜元流通的价值已经超过制钱流通的价值。至此，在流通的货币中，制钱已经大部分被铜元所替代。当然，此时制钱的流通仍在继续。清末人口多

---

[18] 梁启超：《各省滥铸铜元小史》。

在农村，农村制钱流通的习惯持续甚久。宣统二年（公元1910年），清王朝确定、公布币制。谕云：

中国国币单位，著即定名曰"圆"，暂就银为主位，以一圆为主币，重库平七钱二分。另以五角、二角五分、一角三种银币，及五分镍币，二分、一分、五厘、一厘四种铜币为辅币。圆、角、分、厘各以十进，永为定价，不得任意低昂。著度支部一面责成造币厂迅即按照所拟各项重量、成色、花纹、铸造新币，积有成数，次第施行。所有赋税课厘，必用制币交纳，放款依然。并责成大清银行会同造币厂，将新旧交换机关，筹备完密。一面通行各省，将现铸之大小银铜圆，一律停铸。[19]

清末币制确定以一元银元为主币，重量七钱二分，其余皆为辅币，作为小额支付和找零之用。银辅币三种，镍辅币一种，铜辅币四种，元、角、分、厘各以十进。此时，铜辅币四种，价值分别相当于过去二十文、十文、五文和一文。各省制造银元、铜元一律停止，改制新标准的银元和银、镍、铜币。所有赋税课厘，必用制币交纳。此时，法律规定新定标准的银元和铜元，就被赋予"制币"的概念，取代过去的"制钱"，行使法定货币流通的职能。

宣统三年（公元1911年），清王朝灭亡，制钱作为流通二千余年方孔圆形铜钱的最后形态，终于退出了流通领域，成为历史的遗迹。

---

[19] 戴逸、李文海：《清通鑑》清宣统二年（1910），山西人民出版社，第9033页。

中国古代官方发行的纸币主要有五种类型：北宋的交子、南宋的会子、金国的交钞、元朝的宝钞和明朝的大明通行宝钞。

中国古代最早出现的官方发行纸币是北宋的交子。交子本由四川民间百姓发行，用来代替铁钱流通。百姓发行交子难以持久，发行者不久财衰，交子不能兑现，就发生了诉讼。朝廷下令将百姓发行的交子收归官营，以朝廷财力支持交子的流通和价值的稳定，就形成了官方发行的纸币。

交子收归官营，北宋王朝制定了四项相关法规制度：一是发行限额制度；二是发行准备制度；三是定期界兑制度；四是流通区域限定制度。在如此完善的制度下，北宋交子的价值十分稳定，有效地支持了商品经济的发展。北宋末期，宋徽宗为了攻打西夏而大量增发交子，使交子的流通数量远远地超过了法定的限额，结果引发了严重的通货膨胀。于是，宋徽宗改交子为钱引，以增加百姓对纸币的信心。但是，没有等到纸币的价值稳定下来，北宋王朝就在金国的军事打击下灭亡了。

宋徽宗的儿子赵构在江南建立了南宋王朝，当地百姓发行纸币会子。赵构将会子收归官营，会子便成为南宋王朝官方发行的纸币。此时，攻

# 第四辑 纸币

占了北方中原地区的金国已经开始发行交钞。金国发行交钞，没有实行发行限额制度，且采用钱钞兼行，所以钞制十分混乱。到了金国晚期，朝廷发行交钞数量过大，出现了严重的通货膨胀，导致了金国经济的崩溃。趁此机会，南宋王朝联合蒙古国攻打金国，将金国消灭。宋蒙两国联合击灭了金国之后，蒙古国立刻发动了攻打南宋的战争。

随着蒙古大军的南下，南宋王朝统治地区越来越小。中统元年（公元1260年），忽必烈在北平即位大汗。当年，忽必烈发行了蒙古政权自己的纸币——中统宝钞，同时禁止黄金、白银和铜钱作为货币流通。于是，中统宝钞成为忽必烈统治地区唯一合法流通的货币，元朝从此建立了单一纸币流通制度。

朱元璋率领红巾军赶走了蒙古侵略者，建立了大明王朝，开始发行大明通行宝钞。但是，明王朝没有实行纸币发行限额制度，纸币发行数量过多，不久就发生了严重的通货膨胀，结果百姓不再使用纸币。正统元年（公元1436年），明英宗下令解除白银之禁，白银一跃成为主要的流通货币，铜钱则成为白银货币的辅币，明清两朝的银两货币制度从此形成。

# 一、薛田奏请设立交子务

## —— 中国古代最早的官方发行纸币机构

薛田是北宋时期的官员，山西人，读书考取进士，做过中江县知县，宋真宗时为益州转运使。薛田在益州做官时，民间百姓发行纸币交子的流通已经兴起。薛田主张将交子收归官营，经过多年的努力，终于使朝廷下令成立了交子务，专营交子的发行和管理，从此产生了中国古代官方发行纸币的制度。

## 民间发行的纸币交子

中国古代的纸币源于唐代的飞钱。但是，飞钱并不是官方发行的纸币，而是民间使用的一种商业汇票，代表铜钱行使支付手段的职能，一般只能一次性使用。飞钱流通的基本原则是"合券乃取之"，即经核对飞钱"券合"方可交付货物或支付铜钱。秦汉时期的券，是竹木片制作的，在上面刻出记号，用刀一剖为二，双方各持一片，使用时两片记号合对无误，即为"券合"。南北朝时期，人们已经开始用纸制造券了。唐代的飞钱，便是用纸制造的一种券，债权人和债务人各持半张纸券，两半纸券合对无误，即可交付货物或支付铜钱。

　　唐末五代，群雄割据，天下战乱不休，飞钱业务的发展受到影响，逐步转化为"便换"。北宋初期，商品经济恢复，便换业得以发展。宋太祖开宝三年（公元970年），朝廷设立便钱务，商人可以纳钱取券。朝廷敕令诸州官府，商人持券兑现，应在当日兑付。宋太宗至道末年（公元997年），商人便钱规模达到一百七十余万贯。宋真宗天禧末年（公元1021年），商人便钱规模又增加了一百三十万贯。但是，便换并不是纸币，而是一种飞钱，具有商业汇票的性质，可以用来支付货款或兑付现钱。

　　正当便换流行的时候，一种类似现代纸币的东西产生了，它就是北宋初期四川民间出现的交子。唐末五代，四川出现了一个军事割据政权——后蜀，铸行铁钱。宋太祖乾德三年（公元965年），宋军攻入四川，后蜀帝孟昶上表投降，后蜀纳入

【古代官衙】

宋王朝版图。由于铜材和铜钱都很缺乏，宋王朝允许蜀地继续使用铁钱。铁钱沉重运输不便，民间便出现了代替铁钱流通的纸币——交子。

宋真宗咸平六年（公元1003年）四月至景德三年（公元1006年）七月，张詠在益州任知州，对交子的流通进行整顿规范：一是规定交子的货币单位为"缗"，即每单位的交子，代表一千枚铁钱行使流通职能；二是规定交子的有效流通期限为三年，三年一界，到期以旧换新；三是规定交子集中统一发行，将民间分散发行集中为授权十六户富民联合发行，从而加强了交子的兑现能力。

## 薛田主张交子官营

不久之后，联合发行交子的十六户富民财力衰弱，不能为交子兑现，出现了诉讼。宋真宗大中祥符末年（公元1016年），薛田为益州转运使，请求朝廷设立交子务，将交子的发行收归官营，以稳定交子的价值和流通。但是，薛田的建议没有被朝廷采纳。五年之后，益州知州寇瑊便奏请朝廷废除民间交子铺。

从文献记载的这些情况来看，十六户富民联合发行交子，一定是利用收兑的现钱支持了自己的产业，结果使客户持有的交子不能兑现，于是发生了诉讼。薛田主张将民间交子的发行收归官营，是为了依靠国力，支持交子的兑换能力和价值稳定。但是，薛田的主张没有得到朝廷的认可。既然朝廷不同意对交

第四辑 纸币

子实行官营，寇瑊就提出了另外一个办法，即废除民间营办的交子铺。寇瑊提出的办法，也能够避免富商发行交子侵害使用者的利益。但是，与薛田的主张一样，寇瑊的主张也没有得到朝廷的认可。

【交子务吏】

宋真宗去世后，太子即位，是为宋仁宗，皇太后刘娥掌握着朝廷的权力。此时，寇瑊被调离益州，薛田继任益州知州。于是，薛田再次提出交子官营的建议。朝廷命令薛田与益州转运使张若谷研究此事的利弊，再写出报告呈报朝廷。经过认真的研究，薛田和张若谷提出，废除交子将造成贸易的不便，最好是将交子的发行收归官营，禁止民间发行交子。朝廷又命令梓州路提点刑狱官王继明与薛田、张若谷共同研究，结论还是需要将交子收归官营。

这一次，薛田不仅主张将交子收归官营，而且还提出了交子官营的具体实施方案：一是建议成立益州交子务，专营交子的发行和管理；二是请朝廷铸造益州交子务铜印，授权益州交子务使用；三是提出了关于交子的印制、账务登记、库存等管理方法；四是建议官方收取百分之三的印制费，此项费用在百姓用铁钱向交子务兑换交子时扣取。

## 官营交子的法规制度

宋仁宗天圣元年（公元 1023 年），朝廷批准了薛田等人的奏折，下令建立益州交子务，专门经营和管理交子的发行和收兑。从此，私交子转为官交子，交子就具备了法定流通货币的性质。既然是法定流通货币，就要有相关的法律规范。于是，北宋王朝制定了交子发行及流通的基本法规制度：一是发行限额制度；二是发行准备制度；三是定期界兑制度；四是流通区域限定制度。

北宋王朝规定，每界交子发行限额为一百二十五万六千三百四十缗，即代表十二亿五千六百三十四万文铁钱流通，发行准备为三十六万缗，即三点六亿文铁钱，用于交子的兑现，发行准备率约为百分之二十八。北宋王朝还规定，交子三年一界，界满以旧换新。此后，北宋官营交子的发行限额长期保持不变，发行准备也长期不变，这种情形延续了八十多年，直到宋徽宗大观年间（公元 1107～1110 年）宋军攻打西夏，朝廷为充军费而大量增发交子，交子的发行限额制度才遭到破坏。

交子作为货币流通手段，是可以多次转手使用的。但是，交子的流通使用却是有一定期限的。法律规定交子的流通期限，出于两个方面的原因：一是纸币日久败朽，需要定期更换新张；二是为了防范伪造，需要定期更换范伪标识。交子的流通期限，被称为界兑年限，一般为三年，即发行日之后，三年之内需要向发行人兑现或者以旧换新，过期作废。关于交子的界兑年限，《宋史·食货志》说：交子"三年一界"。宋朝李心传说："自天圣立川交子法，每再岁一易。"[20] 天圣年是交子收归官营的时间。根据李心传的记载，交子自收归官营，便实行了两年可以兑换新张的制度。由于这两种说法不同，学界关于北宋交子界兑年限，历来有三年和两年之争。

其实古人的记载并无矛盾。"三年一界"是交子的有效期限，即持有人凭以向交子务以旧换新的最终期限；"两年一易"是交子以旧换新的起始日期，即持有人在交子使用满两年之后，才有权凭以向交子务以旧换新。交子使用满两年至满三年之间的时间，是持有人向交子务行使兑换权的有效期。由于当时交通条件远不如现代发达，一界交子全部流转回交子务，是需要一些时日的。即便是现代，中央银行发行的票据也不可能要求持有人在一个营业日内全部兑换完毕，必须给持有人一定期限的兑换时间。宋代交子的法定兑换时间是一年，即以交子表面签署的发行日期为准，自满两年至满三年之间的时间为兑换期。交子三年期满作废，持有人便不再有权凭以向交子务要求兑现或者以旧换新。

北宋王朝还实行了交子流通区域限定制度。初期，交子的流通区域被限制在四川蜀地。后来，交子的流通区域曾多次被允许扩大到陕西境地，又多次被收缩回蜀地。宋徽宗时，交子的流通区域从蜀地扩展到陕西、京西北、淮南等地。

---

[20]（宋）李心传：《建炎以来朝野杂记》甲集券一六《财赋·钱引总监界》，中华书局，2000年版，第365页。

# 二、宋徽宗改交子为钱引

## —— 北宋纸币交子流通制度的终结

历史上，宋徽宗非常有名：一是他在艺术上的非凡才华，尤其琴棋书画、蹴鞠骑射，无所不精，他的"瘦金体"书法，绝冠天下；二是他玩物丧志，成为中国历史上最著名的亡国皇帝。然而，鲜为人知的是：宋徽宗也曾整军讲武，击败西夏，联金灭辽，但因军费浩繁，财税难支，不得已大量增发纸币交子，结果引发严重的通货膨胀，只好诏令改交子务为钱引务，改交子为钱引。

## 交子是最早的官方纸币

交子是中国古代官方最早发行的纸币。西汉的白鹿皮币，是贵族使用的礼品。唐代的飞钱，是民间使用的商业汇票。只有交子系由官方发行，可以多次流转使用，是真正意义上的纸币。

北宋时期，商品经济空前繁盛，成为继东汉、中唐之后，

【君臣蹴鞠】

中国古代商品经济发展的又一次高峰。在中国古代历史上，北宋是铸造铜钱最多的朝代，但相对于高速增长的商品经济而言，货币总量仍然严重不足。因此，北宋的货币立法，摒弃了过去延续千年的基本方向，开始走向反面，即从千年以来各王朝限制百姓盗铸铜钱，抑制铜钱过多引发的通货膨胀，转向限制百姓毁钱铸器、限制铜钱流出境外，抑制铜钱过少引发的经济萧条。这一变化，标志着中国古代的商品经济，已经从初级阶段，步入前所未有的高级阶段。货币总量严重不足的另一个后果是出现了纸币的流通。北宋初期，四川民间出现了纸币——交子，用来代表铁钱流通。

早在五代十国时期，四川为孟昶统治，是当时十国军事割据政权之一，史称后蜀，盛行铁钱。宋太祖乾德三年（公元965年），宋军攻入四川，孟昶投降，宋王朝允许四川继续流通铁钱。铁钱沉重，不便携带，所以在北宋初期，四川百姓便创造了纸币交子，代替铁钱流通。四川的交子，经过益州知州张咏的整顿，官方指定由十六户富民联合办理发行及兑付，逐步形成气候。后来，富民们产业渐败，无力偿付债务，出现了诉讼。宋真宗大中祥符末年（公元1016年），益州转运使薛田

中国货币法制史话

奏请设置交子务，将交子收归官营，但是未能获得朝廷的批准。朝廷论证许久，直到宋仁宗天圣元年（公元1023年），朝廷才正式设置了益州交子务，统一经营和管理交子的发行和兑换。

自发行交子初始，北宋朝廷便设置了类似于现代纸币管理的基本规则，规定有发行限额制度、发行准备制度、发行界兑制度和流通区域限定制度。交子的发行，每两年发行一界。每界交子流通使用满两年时，持币人可以用旧币换取下一界新币。界满的交子，有一年的兑换期，即自第二年界满后一年之内，可以兑换新币，满三年方才作废。交子每界发行限额一百二十五万六千三百四十缗，每缗一千文钱，一界总额十二亿五千六百三十四万文钱。应对该发行金额，官方设置发行准备三十六万缗，即三点六亿文钱，用于备付交子的兑现，发行准备率约为百分之二十八。当时的制度规定，各界发行交子数额不变，发行准备也保持不变。这种制度维持了八十多年，对北宋时期商品经济的发展，特别是四川地区商品经济的发展起到了积极的支持作用。

初期，交子的流通区域被限制在四川，后来多次扩展到陕西，又多次被收缩回四川。宋徽宗时，交子的流通区域从四川扩展到陕西、京西北、淮南等地。

## 战争造成交子通货膨胀

北宋时期，宋仁宗、宋神宗和宋徽宗三个皇帝，先后发动了对西夏的大规模战争。几十年中，战争时断时续，对宋夏双方社会政治和社会经济都产生了巨大的影响。

　　西夏位于大宋国境的西北，是由党项民族建立的政权。宝元元年（公元 1038 年），党项民族首领李元昊建立西夏王朝，派使者通告宋朝。对于李元昊的分庭抗礼，宋仁宗出兵讨伐。宋军三战三败于三川口、好水川及定川砦。战争进行到庆历三年（公元 1043 年），西夏虽然屡战屡胜，但军费开支过大，财用不给，物价暴涨，人民无法生活，只好与宋朝议和。到了宋神宗时期，王安石变法，富国强兵，为攻打西夏准备了充足的军事物资和兵源。元丰四年（公元 1081 年），宋神宗发动了对西夏的大规模战争，双方投入士卒、民夫以百万计，先战于灵州，后战于永乐城，宋军连战连败，死亡士卒、民夫六十多万。宋神宗欲立盖世功业的梦想破灭，不久便忧郁病死。宋神宗的儿子赵煦即皇帝位，是为宋哲宗。十几年后，宋哲宗英年早逝，没有儿子，皇位就传给了异母弟宋徽宗。

　　宋徽宗不仅能诗会画，打起仗来也远胜于他的列位先辈。崇宁元年（公元 1102 年），宋徽宗即位后两年，便发动了对西夏的战争。在宋徽宗的战略部署下，宋军连战连捷。崇宁二年（公元 1103 年），

【君臣对弈】

童贯、王厚攻克湟州（今青海乐都）；崇宁三年（公元1104年）王厚接连攻下鄯州（今青海西宁）、廓州（今青海贵德）。为了攻打西夏，宋徽宗增发交子以助军费，交子发行量达到每界发行限额的二十倍之多，以致形成了严重的通货膨胀。交子界满，以旧更新时，新交子收兑旧交子以一兑四，即旧交子贬值百分之七十五，只剩下百分之二十五的价值。但是，新交子发行之后，仍然不能兑换足量的现钱，所以继续贬值下去。

## 宋徽宗诏令改用钱引

大观元年（公元1107年），攻打西夏战后不久，宋徽宗诏令改交子务为钱引务，改交子为钱引。这样做是为了提高纸币的信用等级。"交子"的意思是用于交换的凭证，而"钱引"的意思则是可以用来提取现钱的凭证。当时市场上还有盐引和茶引，分别是提取食盐的物权凭证和提取茶叶的物权凭证。朝廷发行钱引，意为可以提取现钱的物权凭证，有利于人们增强对其流通价值的信心。

改交子为钱引之后，纸币继续贬值。大观年间，法定兑换一千枚现钱的一缗钱引，只能兑换十余枚现钱。大观四年（公元1110年），张商英代替蔡京为相，宋徽宗诏令恢复纸币的发行限额，经过长期的努力，直到宣和年间（公元1119～1125年），钱引的价值才逐渐得到了恢复。

政和四年（公元1114年），童贯被任命为陕西经略使，总领六路军事，再次讨伐西夏。政和六年（公元1116年），童贯的部将刘法在古骨龙斩首西夏军三千人；仲师道攻克臧底河城。长期的战争，使社会生产遭受重大的打击，同时又消耗了大量的生命和社会财富，人民生活日益贫困，朝廷财税枯竭。宋徽宗只好在盐和茶的交易上增加税钱，与私盐贩、私茶贩夺利。宣和二年（公元1120年），宋朝与金国订立"宋金宣和海上之盟"，约定联合灭金。不料，方腊发动了摩尼教起义，私盐贩、私茶贩纷纷响应。起义军攻占城池、劫富户、杀官吏，很快就聚集了数十万之众。宋徽宗派童贯率军围剿，与起义军先后战于秀州、杭州、清溪等地。童贯三战三捷，大规模屠杀起义军将士。战争进行了大约一年，方腊起义终于被镇压下去。

宣和四年（公元1122年），宋徽宗派童贯率军攻打辽国燕京。童贯久攻不下，便派使者至金朝请兵协助。金军到来，辽国不战而降。金军进入燕京，大肆抢掠之后，便将燕京移交给宋朝管理。根据双方约定，宋朝将往年交付辽国的每年银绢五十万两匹转向金国交纳，并付金国燕京代税钱一百万贯，犒军费银绢二十万两匹。宣和五年（公元1123年），金太祖阿骨打去世，他的弟弟吴乞买即位，立刻整兵备战，南下攻宋。面对强敌，宋徽宗无奈下诏罪己，取消花石纲，不再收藏奇花异石，但是仍然挡不住金军的南下，只好禅位给他的儿子宋钦宗。靖康二年（公元1127年），金兵攻入开封，掳宋徽宗、宋钦宗北去，北宋灭亡。

宋徽宗在位的二十五年，是战争频繁的时代。由于军费浩大，宋徽宗滥发交子，致使交子流通制度衰败。所以，宋徽宗诏令改交子为钱引。

## 钱引的流通及其终结

继承交子流通制度，钱引的流通区域仍然限制在四川。金军南下击灭北宋，宋朝退避江南转为南宋。南宋的统治地区包括四川，所以钱引继续在四川流通。但是，随着战争规模的进一步扩大，钱引的发行也就突破了原定的限额。南宋高宗建炎年间（公元1127～1130年），张浚以知枢密院宣抚川蜀，命赵开为随军转运使，在秦州设钱引务，在兴州鼓铸铜钱。此后，赵开大量制造钱引，使钱引数量达到四千一百九十万缗，超过限额大约三十三倍。赵开大量发行纸币，却没有引发通货膨胀，而是引发了百姓对纸币的盗制。

宋徽宗增发交子，并没有增加发行准备，交子数量增多却不能兑现，所以迅速贬值。宋徽宗改交子为钱引，并没有能够改变这种局面。《宋史·食货下三》云："大观中，不蓄本钱而增造无艺，至引一缗而当钱十数。"[21] 赵开在四川发行钱引，增设了银绢作为钱引的发行准备。官卖银绢，允许百姓用钱引购买银绢。百姓需要向官府缴纳各种税赋，赵开允许百姓采用钱引缴纳。因此，赵开采取的措施保证了钱引价值的稳定。

南宋宁宗开禧二年（公元1206年），韩侂胄指挥宋军大规模出击，北伐金国，结果宋军大败。为了军备和战争的消费，南宋王朝大量发行纸币，纸币进入恶性通货膨胀时期。当时南宋统治地区流通的纸币，主要是东南地区流通的会子，以及四川地区流通的钱引，两者都出现了比较严重的通货膨胀。

---

21 《宋史》卷一八一《食货下三》，中华书局，1985年版，第4405～4406页。

宋理宗端平元年（公元 1234 年），南宋王朝再演宋徽宗联金灭辽故事，但这次是联蒙灭金，金国果然被宋蒙联合击灭。第二年，宋蒙战争全面爆发，此后数十年战火不息，纸币的问题也就愈加严重。宋理宗宝祐四年（公元 1256 年），四川宣抚使李伯曾上《救蜀楮密奏》，指出四川钱引存在的问题，建议将四川发行纸币的权力上缴朝廷。当年，朝廷下令使用封椿库新造的四川会子，收兑钱引。自北宋徽宗更交子为钱引，至南宋理宗诏令使用会子收兑钱引，钱引共流通约一百五十年，至此终于完成了历史使命，退出了流通领域。

# 三、张浚与四川钱引

## —— 南宋初期四川的纸币流通

张浚是南宋初期的抗金统帅、著名民族英雄，做过南宋开国皇帝赵构的右丞相兼知枢密院事都督诸路军马，统管过南宋王朝创建时期的行政及军政大权。

北宋末年，金国的军队攻占了大宋中原的国土，宋徽宗的儿子赵构逃往江南，建立了南宋王朝。南宋朝中的文武百官可以分为主战派和主和派，张浚便是主战派的领袖，他领导了韩世忠、张俊、岳飞、刘光世、吴阶、刘锜、王彦等著名将领与金军展开了浴血奋战，挡住了金军的南下，由此开创了南宋朝廷控制秦岭、淮河以南地区的局面。

张浚以知枢密院事宣抚川陕时期，任用理财高手赵开总管四川财赋，大量增发纸币钱引，用于支持军事开支。张浚发行的四川钱引，百姓可以用来向官府购买银绢，也可以用来向官府交纳各项税赋，所以价值稳定，尽管增发数量超过原流通量的十数倍，却没有发生通货膨胀，堪称中国古代各类纸币中的一枝奇葩。

## 川陕战略意义重大

建炎三年（公元1129年），南宋朝廷的御营前军统制苗傅、副统制刘正彦发动了一场兵变，赵构被迫退位。当时的御营参赞军事张浚联合文臣吕颐浩、武将张俊、韩世忠、刘光世等，率军讨伐苗傅、刘正彦。赵构亲笔授任张浚为知枢密院事，统管军事。不久，韩世忠的部队击败了叛军，苗傅、刘正彦逃往闽中。张浚命令韩世忠追捕苗刘二人，献给朝廷，与他们的死党一起处死。

【统帅张浚】

张浚提出川陕战略，即经营川陕军事区，作为南宋内地领土的屏障。张浚认为，金国军队南下攻宋，必先攻入陕西和四川。如果陕西和四川丢失，赵构政权拥有的中国东南地区就失去了屏障，终将不保。赵构采纳了张浚的川陕战略，并任命张浚以知枢密院事的身份，出任川陕宣抚处置使，便宜行事，有权自行处理川陕官员的升降。张浚将自己的幕府设在秦州，命令韩世忠镇守淮东，命令吕颐浩护卫宋高宗赵构去武昌，命令张俊、刘光世分兵驻扎，与秦川形成首尾呼应之势。

建炎四年（公元 1130 年），金兵的元帅金兀术兵入淮西，张浚担心他侵扰东南。为了牵制金兀术的军队，张浚率领五路军队收复了永兴。金国人知道张浚率军攻来，十分恐慌，急调金兀术率军前来援救。宋金两军激战于富平，张浚兵败退守兴州，命令吴玠凭据天险坚守大散关东面的和尚原。绍兴元年（公元 1131 年），金国将领乌鲁进攻和尚原，吴玠据险还击，金军大败而逃。金兀术又合兵来攻，吴玠阻击金兵，金兵又遭大败，金兀术仅以身免，剪掉胡须逃归。

张浚在川陕三年，训练新招募的士兵，抵挡金国的军队，重用谋臣刘子羽，任命赵开为都转运使，提升吴玠为大将驻守凤翔。刘子羽慷慨有谋略，赵开善于理财，吴玠每战必胜。于是，川陕地区百姓归附者日益增多。张浚坐镇川陕，有效地牵制了金国的军队，使南宋朝廷统治的东南大部地区得以安全，形成了南北对峙局面。

## 选用赵开增发钱引

赵开是读书人，宋哲宗时考取进士，做过郇陵县知县。他向朝廷提出官营卖茶、买马的五大弊病，很得朝廷的赏识。于是，他被任命为都大提举川陕茶马事。

张浚以知枢密院事宣抚川陕，早知道赵开善于理财，就承旨任命赵开兼宣抚处置使司随军转运使，专门总管四川财赋。赵开见张浚说："四川的民力已尽，税赋是一点儿也不能加了。官营专卖还有一些盈利空间，只要不怕商人们的怨骂，就可以获得这部分利益，用来解救当前之急。"于是，张浚改变买卖酒法，与商人争利。此后，张浚又改变买卖盐法，从中所得的利润都用于军费的开支。

张浚肩负天下重任，在秦州练兵，十天犒劳每月奖赏，希望士兵以死尽力，费用不可估量，全部取自赵开。赵开以盐酒专营获利有限，自然不敷开支，只好造币铸钱。在赵开的设计策划下，张浚在秦州设置了钱引务，在兴州鼓铸铜钱。张浚使用赵开印制的纸币和铸造的铜钱，开付军费奖赏及财政开支，居然绰绰有余。

张浚宣抚川陕之前，四川的钱引两界只有二百五十万缗，即二十五亿文。赵开增发之后，钱引发行总量达到四千一百九十多万缗，即四百一十九亿文，相当于过去的十六倍。增发了这么多的纸币，竟然没有发生通货膨胀，其主要原因有二：一是钱引具备法偿地位，所以价值稳定。赵开规定百姓可以用钱引缴纳官府的各项税赋，百姓还可以用钱引向官府购买银绢。赵开的这项规定，使四川钱引具备了法偿地位。按照规定的钱引数额来缴纳税赋，以及按照官方制定的价格向官府购买银绢，就能够使钱引保持稳定的官方法定价值；二是钱引与铁钱并行，劣币驱逐良币效应不显著，所以钱引价值稳定。钱引在四川流通的时候，东南地区流通会子。会子与铜钱并行，劣币驱逐良币效应明显。铜钱自身价值远远高于纸币，且容易宝藏，所以人们普遍藏铜钱而支出会子，会子成为人们到手即花掉的"快钱"。这种情况加剧了会子的通货膨胀程度。钱引与铁钱并行，铁是贱金属，容易生锈，铁钱携带出行更是沉重困难，所以人们一般不宝藏铁钱。钱引与铁钱并行，劣币驱逐良币效应不明显，人们并不急于将钱引换成铁钱，大量的钱引沉淀在百姓手中，抑制了钱引增发过多产生的通货膨胀倾向。

钱引可以用来购买银绢，又可以用来交纳官府的各项赋税，自然价值稳定。但是，钱引制造成本低廉，制造钱引利润巨大，所以不久就出现了百姓伪造的情况。地方官府抓到违法制造钱引的盗徒五十人，并缴获假钱引三十万，张浚打算听从有关官员的建议处死他们。赵开说："相公错了，假使钱引是假的，在上面加盖宣抚使印章就是真的了。把这些人处以黥刑然后让他们制造钱引，相公每天就可以得到三十万钱引，又免除了这五十人的死刑。"张浚称赞，接受了赵开的建议。

## 钱引流通制度的终结

张浚镇守川陕三年，即被罢免。吴玠任四川宣抚副使，专门负责作战和防守之事。吴玠与赵开关系搞不好，就上书弹劾赵开军饷供应不济。赵开自己也上书弹劾自己，说自己年老无用。朝廷没有接受他们两人的奏请，只是派席益赴四川任安抚制置大使，以利于协调吴玠和赵开的关系。赵开与席益也搞不

【还我山河】

到一起，朝廷就罢免了赵开，派李迨接替赵开总管四川的财赋。绍兴五年（公元1135年），张浚被重新起用，出任右丞相兼知枢密院事都督诸路军马，统管朝廷行政和军事两方面的文武大权，已经顾不上四川钱引的事情。

南宋宁宗开禧二年（公元1206年），韩侂胄指挥宋军大规模出击，北伐金国，结果宋军大败。为了军备和战争的消费，南宋王朝大量发行纸币，纸币进入恶性通货膨胀时期。当时南宋统治地区流通的纸币，主要是东南地区流通的会子，以及四川地区流通的钱引，两者都出现了比较严重的通货膨胀。

宋理宗端平元年（公元1234年），南宋王朝再演宋徽宗联金灭辽故事，但这次是联蒙灭金，金国果然被宋蒙联合击灭。第二年，宋蒙战争全面爆发，此后数十年战火不息，纸币的问题也就愈加严重。宋理宗淳祐九年（公元1249年），四川制臣余玠奏请将钱引三年期满的制度改为十年期满，获得了朝廷的批准。钱引多界并行，流通中的数量便更加增多，钱引的通货膨胀便更加严重。宋理宗宝祐四年（公元1256年），四川宣抚使李伯曾上《救蜀楮密奏》，指出四川钱引存在的问题，建议将四川发行纸币的权力上缴朝廷。当年，朝廷下令使用封椿库新造的四川会子，收兑钱引。自北宋徽宗改交子为钱引，至南宋理宗诏令使用会子收兑钱引，钱引共流通约一百五十年，至此终于完成了历史使命，退出了流通领域。

# 四、忽必烈发行宝钞

## —— 中国古代的单一纸币流通制度

忽必烈是成吉思汗的孙子，他率领着数十万蒙古铁骑，通过多年大规模的杀戮，征服了华夏大地。中统元年(公元1260年)，忽必烈在北平即位大汗。当年，他发行了蒙古政权自己的纸币——中统宝钞，同时禁止黄金、白银和铜钱作为货币流通。于是，中统宝钞成为忽必烈统治地区唯一合法流通的货币，元朝从此建立了单一纸币流通制度。

## 以物为母的中统宝钞

钞始于唐之飞钱、宋之交会、金之交钞。其法以物为母，钞为子，子母相权而行。[22]

中国古代的纸币始于唐代的飞钱、北宋的交子、南宋的会子、金朝的交钞。忽必烈发行的纸币被称之为"宝钞"。唐代

---

[22]《元史》卷九三《食货·钞法》，中华书局，1976年版，第2369页。

【忽必烈像】

的飞钱并不是官方发行的纸币，而是民间使用的一种商业汇票，代表铜钱行使支付手段的职能，一般只能一次性使用。北宋的"交子"是官方发行的多次流转使用的纸币，朝廷为其制定了发行限额制度、发行准备制度和定期界兑制度。南宋的"会子"继承了北宋的纸币制度，与交子一样，依靠铜钱准备而发行，代表铜钱进入流通。在北宋的交子及南宋的会子的流通制度中，铜钱准备为母，"交子"及"会子"为子，子权母而行，即纸币依靠铜钱准备而进入流通，行使货币的流通手段职能。"交子"从字面上看，强调纸币在代表铜钱流通时所行使的交换职能；"会子"从字面上看，强调纸币在代表铜钱流通时所行使的支付职能。"交子"和"会子"都遵循定期界兑制度，即自票面注明的发行日期起，有效期三年，界满作废，有效期满两年后至满三年之间的一年时间里，持票人可以凭票向官方指定机构兑换下一界的新票。金朝的"交钞"在制度上出现了巨大的进步，它不再实行定期界兑制度，而是改为可以无期限流转，磨损到一定程度时，可以向官方指定机构兑换新票。

忽必烈建立的宝钞流通制度，继承了前朝纸币的流通制度，并进一步予以完善，更加强调纸币的发行要以物权为准备，物权是价值本体，纸币作为物权价值的代表进入流通，行使货币职能。

忽必烈即位后发行的纸币，最初曾仿照金朝纸币"交钞"，并以"交钞"为名，以丝为物权准备，其货币单位采用"两"，规定"交钞"一两兑换白银半两。

几个月后，忽必烈开始发行"中统元宝钞"，后称之为"中统宝钞"。中统宝钞最初被称之为中统元宝钞，意思是用它来代表白银行使货币职能。但是，中统宝钞的货币单位没有采用白银的货币单位"两"，而是采用了铜钱的货币单位"文"和"贯文"。中统宝钞的票面有"一十文"、"二十文"、"三十文"、"五十文"、"一百文"、"二百文"、"五百文"及"一贯文"、"二贯文"共九种，一千文便是一贯文。从中统宝钞的面文来看，它是代表铜钱行使货币职能的。但是，既然铜钱已经被禁止流通，百姓肯定不能用中统宝钞从官府兑换出铜钱来。当时的情况应该是百姓使用自己积蓄的铜钱，向官府兑换中统宝钞，然后使用中统宝钞来进行日常生活的各项支付。中统宝钞的物权准备有铜钱、丝、白银和黄金等。

发行中统宝钞的同时，忽必烈还发行了另一种纸币——中统银货，代表白银行使货币职能。中统银货以"两"为货币单位，面文有"一两"、"二两"、"三两"、"五两"和"十两"共五种。但是，不知什么原因，中统银货实际上并没有进入流通，印制后不久，即被废弃。

忽必烈始发中统宝钞时，宋蒙战争尚未结束，并且还在逐步扩大。又用了大约二十年的时间，直到至元十六年（公元

1279 年），蒙古军队攻破崖山，南宋王朝被消灭，战争才算基本结束。

忽必烈在发行中统宝钞的第二年下达谕书，重申中统宝钞的运行规则：一是中统宝钞发行后无限期通行流转；二是允许百姓以中统宝钞在官库兑换白银货物，只收工墨费百分之三；三是中统宝钞一贯法定兑换交钞一两，法定兑换白银半两。

忽必烈始发中统宝钞时，蒙古军队已经占领了成都。忽必烈最初发行的中统宝钞，就在中原地区和四川地区流通。至元十一年（公元 1274 年），伯颜率领二十万蒙古军队攻打南宋，占领了南宋大片的国土，中统宝钞的流通区域迅速向南方推进。至元十三年（公元 1276 年），蒙古军队攻入临安，元朝廷下令收兑南宋纸币会子，规定中统宝钞一贯收兑南宋纸币会子五十贯，以此对南宋人民实施了大规模的掠夺。至元十六年（公元 1279 年），宋军兵败崖山，宰相陆秀夫背负小皇帝跳海殉国，南宋灭亡，中统宝钞便通行南宋全境。

忽必烈击灭南宋之后，即禁止金银在江南的流通。至元十九年（公元 1282 年），忽必烈颁布《整治钞法条画》，对禁止百姓私下买卖金银的法律，做了进一步的梳理，对旧损宝钞的兑换更新以及对舞弊官员的惩治办法，做了进一步的规范。


## 以一兑五的至元宝钞

南宋王朝虽然已被消灭，汉民族对蒙古铁骑的抵抗却并没有立刻结束，各地汉人的武装起义，此起彼伏，连续不断。蒙古军东征西杀，镇压着汉人的起义，并继续向更广阔的地域扩张。忽必烈两征日本、三征安南、两征缅甸、征占城、征爪哇，一场又一场的战争耗费着大量的人力、财力和物力。增发纸币也解决不了朝廷财政上的窘况了，忽必烈只好诏令更张造币，发行至元宝钞，以解财政之急。

至元二十四年（公元1287年），忽必烈诏令发行至元宝钞，与中统宝钞并行流通。至元宝钞的票面有五文至二贯文共十一种，法定至元宝钞一贯文兑

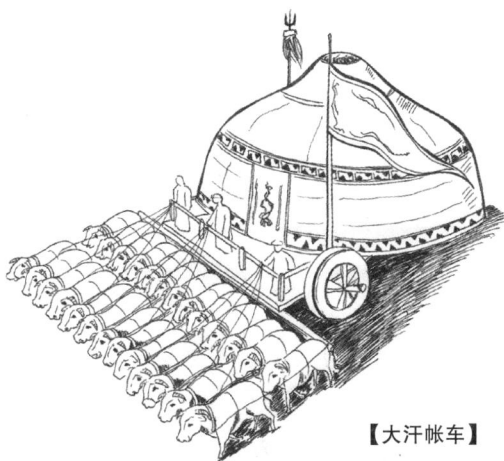

【大汗帐车】

换中统宝钞五贯文。至元宝钞与中统宝钞都是以铜钱货币单位"文"为自己的货币单位，看上去是代表一定数量的铜钱行使货币职能。但是，它们的发行准备却主要是黄金和白银。元朝实行由官方主持的宝钞对黄金、白银的买卖，以便随时平抑钞价。朝廷在各路设立了官库，并且制定了黄金兑换宝钞和白银兑换宝钞的法定价格：官库买入黄金，至元宝钞二十贯文兑换黄金一两；官库卖出黄金，至元宝钞二十贯文五百文兑换黄金一两；官库买入白银，至元宝钞二贯文兑换白银一两，官库卖出白银，至元宝钞二贯文五十文兑换白银一两。在官库中用黄金或白银交易宝钞的买卖差价是百分之二点五，这百分之二点

五充当朝廷印制宝钞的工墨费。由于朝廷鼓励百姓将黄金或白银交给官库兑换宝钞，所以官库用宝钞收兑黄金或白银时，不向百姓收取工墨费。百姓用宝钞向官库兑换黄金或白银时，要缴纳给官库百分之二点五的工墨费。

为了保障至元宝钞和中统宝钞流通的健康和稳定，忽必烈在发行至元宝钞的当年颁行了《至元宝钞通行条画》，为当时的纸币流通提供了专门的法律依据。


### 发行宝钞意在敛财

忽必烈的时代，大元朝廷一直面临着"国用不足"的问题，即朝廷财政需求巨大与朝廷财政收入不足两者之间的矛盾问题，产生这个问题的根源是经久不息的战争。

忽必烈即位称汗，首先遇到蒙古集团内部的叛乱，发动大规模叛乱者主要有四人：一是忽必烈的亲兄弟阿里不哥；二是前任大汗蒙哥的儿子昔里吉；三是成吉思汗继承人窝阔台的孙子海都；四是成吉思汗的后代乃颜。这些人都控制着一些军队，都想当大汗，所以与忽必烈的军事冲突持续久远，时缓时剧。此外，忽必烈面临着江南人民持久不息的起义。为了转移矛盾，忽必烈到处征兵，连续不断地发动对外侵略战争。频繁的大规模战争，需要耗费大量的物资和生命。具有战斗力的生命的减少，有利于忽必烈统治的稳定。但是，朝廷需要更多的货币，用来组织和动员一场又一场的战争。于是，忽必烈起用了一批善于理财的大臣，从民间收敛钱财。这些大臣被后世人们称之为"敛臣"。

　　忽必烈即位之初，重用汉臣理财，首擢擅长理财的王文统为平章政事。王文统组织实施了中统宝钞的发行工作，起草颁布了一系列法律制度。工作了一年多，王文统为忽必烈朝廷收敛了大量的资财。中统三年（公元1262年），王文统因李璮谋反案受到牵连，与他的儿子王荛一起被忽必烈杀害。接替王文统出任理财大臣的是回回人阿合马。阿合马掌握朝廷财政大权长达二十年之久，敌对者甚多。至元十九年（公元1282年），益都千户王著等八十余人，乘忽必烈赴上都之机，诈称太子真金还都做佛事，将阿合马骗至东宫前，用所藏铜锤击杀之。忽必烈还都后，知悉了阿合马的罪恶，遂追治其罪，剖棺戮尸，杀其子侄。阿合马死后，汉臣卢世荣继任财政大臣。面对宝钞贬值的问题，卢世荣提出"厚天下之利以实钞法"，主张增加纸币的发行准备。然而，他只工作了四个月，就被革职问罪。有人对忽必烈说，卢世荣在监狱里很费粮食，忽必烈就下令杀害了卢世荣，将他身上的肉喂鸟了。此后的敛臣是西域人桑哥。桑哥工作了好几年之后，才被忽必烈杀害，其党羽也多被杀害。

　　敛臣们为朝廷收敛了大量的财富，支持了战争。他们的办法无非是变更钞法、增加课税、实施盐、铁、茶、酒官营。他们掠夺了人民，支持了战争，得罪了贵族，最终都遭到身败名裂的下场。

# 五、脱脱与钱钞兼行

## —— 元朝末期的货币改制与货币危机

脱脱是元朝末代皇帝元顺帝的宰相，因为主持撰写了宋史、辽史和金史而闻名于世。脱脱担任宰相时提出崇尚儒学，主张缓和社会矛盾，推行"更化"政策，被当时的人们称为"贤相"。脱脱也曾数次率领蒙古军队镇压汉族的农民起义，在后世的民间戏曲和绘画中，被定格为大白脸恶人形象。

元朝实行单一纸币流通制度，但是钱钞兼行的呼声从未间断。脱脱担任宰相期间，实施了钱钞兼行制度，结果引发了严重的通货膨胀，全国性农民大起义爆发。不久之后，脱脱便在宫廷斗争中被元顺帝的宠臣哈麻矫诏遣使用毒酒毒死了。

### 争论不休的钱钞兼行

元朝每个新皇帝即位或更改年号时，大多铸造一些年号铜钱，以示传统，所铸铜钱并不在民间大量流通使用。元朝基本上实行的是单一纸币流通制度。尽管如此，元朝期间仍有许多人主张钱钞兼行，即通宝钱与代表通宝钱流通的纸币宝钞并行流通。因此，是否采用钱钞兼行，始终是元朝货币制度争论的焦点。

最早提出钱钞兼行的人，是忽必烈的中书右丞卢世荣。至元二十一年（公元 1284 年），由于中统宝钞贬值，总制院桑哥推荐卢世荣出任中书右丞，主持整治钞法。卢世荣工作了四个月，完善了纸币管理体系，并提出钱钞兼行的主张。

世荣奏："……自王文统诛后，钞法虚弊。为今之计，莫若依汉、唐故事，括铜铸至元钱，及制绫券，与钞参行。"因以所织绫券上之。世祖曰："便宜之事，当速行之。"[23]

卢世荣没有解释为什么要采用钱钞兼行，只是说纸币的流通有问题。卢世荣很快在宫廷斗争中丢了性命，此次钱钞兼行的时间甚短。针对宝钞贬值问题，卢世荣的主要主张是增加朝廷的财富储藏以支持宝钞的可兑换性。宝钞是朝廷发行的，但是朝廷没有足够的财富储藏来保证宝钞的可兑换性。所以，要扩大朝廷财政收入，增加朝廷的财富储藏，从而支持宝钞对金、银、实物的兑换。忽必烈也需要朝廷财政收入扩大，于是立刻接受了卢世荣的观点，并且将这件事情交给卢世荣去办理。然而，穷人的财产都拿出来也不能满足朝廷的需求，卢世荣只好向富人贵族下手了。于是，许多人向忽必烈告状，说卢世荣的

---

[23] 《元史》卷二〇五《奸臣·卢世荣传》，第 4566 页。

办法不灵，误国害民。财税货币政策的效果，需要有一段滞后期才能显现，敌人没有给卢世荣解释的时间，就开始了激烈的攻击。卢世荣只工作了四个月，就被革职问罪，进了监狱。有

【蒙古战马】

人对忽必烈说，卢世荣在监狱里养着很费粮食。忽必烈就下旨杀掉了卢世荣，将卢世荣身上的肉喂鸟了。明朝宋濂编著《元史》，卢世荣在《奸臣传》中供后世人们咒骂。但是，卢世荣的主张对后世产生了重要的影响，后世关于钱钞兼行的建议延绵不绝，直至元朝灭亡。

忽必烈的户部员外郎胡祗遹著有《紫山大全集》，其中《宝钞法》一文阐述了他反对钱钞兼行的思想。胡祗遹认为，宝钞的价值稳定，除了需要发行准备的物权价值充足，还需要保证没有其他货币的掺杂干扰。一旦有两种货币并行流通，必然会出现劣币驱逐良币的问题。况且，鼓铸铜钱成本很高，得不偿失。商品有两种货币标价，更是多添混乱。前朝实行钱钞兼行，弊病大家都已经见过。金朝实行铜钱与交钞并行的制度，百姓将铜钱藏起来，将交钞花出去，结果是铜钱贵而交钞贱，百姓用交钞向官府兑换铜钱，官府却不能保持诚信给予兑付。

此后，主张钱钞兼行的代表人物有郑介夫、程钜夫等。既

然有许多人建议实行钱钞兼行，元朝在元武宗至大三年（公元
1310年），终于开始铸造"至大通宝"钱和"大元通宝"钱，
实施了钱钞兼行制度。


## 元武宗实施钱钞兼行

　　忽必烈八十岁去世时，太子真金早已不在人世，真金的儿
子铁穆耳即位。十几年后，铁穆耳去世，太子德寿也莫名其妙
地死了，铁穆耳的侄子海山就当了皇帝，是为元武宗。海山只
当了三年皇帝就因酒色过度而病死。但是在这三年里，他也做
了不少的荒唐事，其中之一便是钱钞兼行。

　　元武宗时，中统宝钞和至元宝钞的通货膨胀益加严重。为
了保证宝钞与白银的可兑换性，至大二年（公元1309年），
元武宗发行至大银钞，面值自二釐至二两共十三种。元武宗规
定，至大银钞一两兑换白银一两，兑换至元宝钞五贯，兑换中
统宝钞二十五贯。忽必烈最初发行中统宝钞，规定中统宝钞两
贯兑换白银一两，至此，中统宝钞法定贬值了十二点五倍。

　　至大三年（公元1310年），元武宗设立资国院、泉货监，
负责铸行并管理铜钱。于是，朝廷开始大量铸行"至大通宝"钱，
至大通宝钱一文折合银钞一釐，即千分之一两。同时，朝廷又
大量铸行"大元通宝"钱，大元通宝钱一文折合"至大通宝"
钱十文。除了新铸铜钱之外，元武宗诏令历代古旧铜钱均可流
通，与至大通宝钱等值使用。宋朝的当五、当三、折二等旧钱，
诏令按照原来的名目价值流通。

元武宗沉湎酒色，不久就病死了，他的同母弟弟爱育黎拔力八达即位，是为元仁宗。此时，多元化货币制度的弊病已经显现，冶铜铸币的成本也使元王朝不能忍受，爱育黎拔力八达即位后立刻废止了各类铜钱的流通，同时也废止了至大银钞的流通，恢复了中统宝钞与至元宝钞并行流通的单一纸币流通制度。元武宗实行的钱钞兼行到此结束，其实施时间仅为一年有余。

## 脱脱再施钱钞兼行

爱育黎拔力八达恢复了中统宝钞与至元宝钞并行流通的单一纸币流通制度，中统宝钞与至元宝钞的流通一直延续到元朝的灭亡。然而，就在元朝灭亡的前夕，元朝末代皇帝元顺帝在位期间，宰相脱脱又进行了一次钱钞兼行的尝试。

元顺帝至正十年（公元1350年），朝廷发生了一场钱钞兼行的辩论，结果是又一次铸行铜钱，与中统宝钞、至元宝钞并行流通。

这场辩论是由右丞相脱脱发起的。脱脱打算变更钞法，招集中书省、枢密院、御史台的有关官员，以及集贤院和翰林院的学者们共同开会讨论变更钞法的可行性。吏部尚书哲笃为了迎合脱脱的意思，建议改变钞法，以纸钞一贯文，代替铜钱一千文为保证，铸造至正通宝铜钱，铜钱为子，代表纸币流通。同时，印制至正交钞。大家唯唯诺诺，不敢说话。这时候，集贤大学士兼国子监祭酒吕思诚出来坚决反对。吕思诚认为，钱钞的使用方法，应该是以虚币代表实币进入流通，岂能本末倒置，用实币代表虚币流通。况且，将历代古旧铜钱、至正铜钱、中统宝钞、至元宝钞和至正交钞五种货币并行流通，其中有实币也有虚币，百姓若藏实币而支出虚币，对朝廷是很不利的。

【脱脱大帐】

左司都事武祺解释说，至元宝钞中有许多是假钞，所以我们要更改钞法。吕思诚反驳道，至元宝钞并不假，是有人造假。如果发行至正交钞，一样会有人造假。至元宝钞就像一个老亲戚，老老少少都认识他；至正交钞就像个新亲戚，虽然不敢不认这个亲，但是大家不认识他。所以，若印行至正交钞，造假钞的情况会更多。何况，祖宗的规矩，岂能轻易就改变呢。双方争来论去，武祺再次提出钱钞兼行，吕思诚就责骂武祺没有专业知识，一味巴结宰相。

双方意见不能统一，宰相脱脱倾向改革钞法。于是，草拟方案上报元顺帝。元顺帝诏令批准改革意见。元顺帝指出，中统宝钞以"文"为货币单位，虽然当时没有铸行铜钱，钱钞兼行的意思已经有了。后来印制了至元宝钞，一贯代表铜钱五贯，名义上是代表铜钱流通，实际上并没有铜钱流通。年长日久，宝钞就成了虚币，物价就出现了上涨，所以必须改革。元顺帝批准铸行至正通宝铜钱，与至元宝钞、中统宝钞及历代各类古旧铜钱并行流通。元顺帝还批准了印制至正交钞，至正交钞一贯法定兑换铜钱一千文，兑换至元宝钞二贯。

至正十一年（公元1351年），元朝廷成立了宝泉提举司，主持铸造至正通宝钱，并印制至正交钞，令民间通用。未过多久，就发生了严重的通货膨胀，经济危机爆发，物价上升了十倍。当年，全国性农民大起义爆发。形势如此严峻，元朝的宫廷斗争却越演越烈。为了立太子的事情，脱脱被元顺帝的宠臣哈麻与奇氏皇后联手诬害，被削去官职，流放云南。不久之后，哈麻矫诏遣使用毒酒将脱脱毒死。元朝军队与农民起义军的战斗长期持久，日益激烈。元朝廷需要军储供给，赏赐犒劳，所以大量印制交钞。结果是纸钞泛滥，民间无法使用纸钞，商品交换转向以物易物的方式，元朝廷财政也就陷入了无能为力的困境。

不久，在农民起义军的攻打下，元顺帝逃离大都，元朝从此灭亡。

# 六、咸丰皇帝发行钞票

## ——清朝晚期发生的官方纸币泛滥

道光三十年（公元1850年），道光皇帝去世，他的儿子奕詝即位，是为清文宗，就是大家常说的咸丰皇帝。人们更加熟悉的慈禧太后，就是咸丰皇帝的懿贵妃，此时还没有进宫。咸丰皇帝刚登基，就爆发了太平天国的金田起义。咸丰皇帝在位十一年里，清朝的军队与太平军的战争一直在继续。战争造成清王朝财税枯竭，为解决朝廷费用不足的问题，咸丰皇帝不得不发行了两种官方纸币，一种代表铜钱流通，称之为宝钞；另一种代表白银流通，称之为银票，两者的统称便是"钞票"。咸丰十年（公元1860年），第二次鸦片战争爆发，英法联军攻入北京，火烧圆明园。咸丰皇帝逃往热河，第二年就病死在热河行宫。

## 战争前的发钞呼声

爱新觉罗氏领导的明末女真民族，是宋代女真的后裔。

宋代女真击灭北宋，建立了金朝，曾发行纸币交钞。金朝的纸币交钞，发生了严重的通货膨胀，导致经济崩溃，影响了金朝的统治基础。明朝末年，爱新觉罗氏率领女真民族攻入中原，建立了清王朝。接受金朝交钞失败的教训，清王朝基本上不发行纸币。但是，这期间里也有例外，一是清朝初期顺治八年至十八年，清王朝曾发行纸币，每年发行约十二万贯；二是清朝晚期咸丰三年至十一年，清王朝再次发行纸币，即发行了宝钞和银票。

清王朝历来反对发行纸币，但是就在太平天国战争爆发之前，朝廷财政已经出现了严重的危机，且外国的洋钱已经大量流入中国，所以嘉庆朝和道光朝都有大臣奏请皇帝批准发行纸币。

嘉庆十九年（公元 1814 年），侍讲学士蔡公定奏请朝廷行用纸币以解财政之危，被朝廷指责"妄言乱政，交部议处"。

道光十七年（公元 1837 年），王鎏在《钞币刍议》中提出发行纸币并禁止白银流通。他的主要观点：一是钞票在朝廷统治之下，可以无限制地发行，"以它物为币皆有尽，惟钞则无尽"；二是万物之利权收之于上，布之于下，则皇权有绝对权威；三是外洋不得以其币行于中国。

王鎏的《钱币刍议》发表之后，他的朋友包世臣写信给他，赞成发钞的主张。但是，在发行数量上，包世臣主张逐步增加，总量控制。在最初的几年里，朝廷每年发行纸币的数量不得超过税收钱粮的半数。几年以后，朝廷发行纸币的数量可以达到一年税收钱粮数量的两倍。待纸币发行总量足够百姓使用了，朝廷就可以不再增发。

## 战时朝廷发行钞票

咸丰元年（1851年）一月，洪秀全在金田起义，建号太平天国，清王朝立刻派兵镇压，战争从此开始。战争造成朝廷财政开支紧张，许多大臣建议发行纸币以解危急。

【京官银号】

就在太平天国战争爆发的当年，陕西道监察御史王茂荫上书咸丰皇帝《奏请行钞并胪陈钞法十条折》。王茂荫的发钞主张十分谨慎，发行限额数量较小，并实行可兑现办法。根据王茂荫的办法，纸币与白银并行流通，以纸币辅助白银，因此并不能解决清王朝战时的财政困难。所以，朝廷没有采纳王茂荫的建议。

咸丰二年（公元1852年），太平天国战争爆发一年多了，福建巡抚王懿德奏请朝廷发行纸币以济军需，朝廷还是以"该抚所请改钞法之说，应毋庸议"作为答复，但口气已经比前一年缓和了许多。同年九月，左都御史花沙纳奏请朝廷发行纸币，又被王大臣等会同户部议驳，认为"与其用久未奉行之法而收效稽迟，不如就以前本有之财力以力图周转。"

咸丰三年（公元1853年），太平天国战争已经继续两年多了，东南富庶地区已经被太平军占领，清王朝财税枯竭，咸丰皇帝谕令户部认真研究发行纸币事宜，尽快实施。当年五月，清王

167

朝开始印制银票，由花沙纳和王茂荫会同户部堂官主持此事。

银票亦称官票，用高丽纸印制，代表白银流通，可以按成支付官府各项税课捐项，最初发行有一两、五两、十两和五十两共四种，每次发行限额比照顺治八年的制度，为十二万两。银票上端写有满汉两种文字"户部官票"，中间竖文代表白银的数量，右边是银票标号，左边是发行日期。

当年十一月，清朝廷颁行钱钞章程，钱钞与银票并行流通。钱钞又称宝钞，代表铜钱流通，最初发行有五百文、一千文、一千五百文和两千文四种，可以按成支付各种税课捐项，钱钞两千文抵换官票银一两。

## 钞票实行搭收搭放

咸丰三年（公元 1853 年）十一月，清王朝规定银票和宝钞作为朝廷财政收支的工具，与白银或铜钱搭配使用，搭配比例皆以五成为限。搭收搭放办法公布之后，由于钞票通行窒碍，首先遭到军方的反对，其后又遭到河工的反对，商贾们对于这种不能兑现的官方纸币流通更是多有微词。

咸丰四年（公元 1854 年）三月，王茂荫上《条陈钞法窒碍难行折》指出宝钞流通中的问题："兵丁之领钞者难于易钱市物，商贾之用钞者难于易银置货"。王茂荫不仅提出了问题，还提出了解决问题的办法，即允许钞票兑换铜钱或白银。使王茂荫名扬天下的，不是他奏请朝廷允许纸币兑现，而是他自请议处。王茂荫发现纸币流通中问题很多：军人领取军饷纸币却很难使用，所以怨声载道；商人们因纸币流通而遭受了许多损失，更是怀恨在心。王茂荫因为当初主张朝廷发行纸币，所以自认是这困境的始造俑者，向朝廷自请处分，以谢天下。咸丰皇帝见了王茂荫的奏折大发雷霆，下谕内阁，将王茂荫大骂一通。这件事闹得满城风雨，以致驻北京的俄国公使馆写了一篇《关于中国的调查研究》，传到欧洲各国。马克思在《资本论》援引了这段文字："清朝户部右侍郎王茂荫向天子上了一个奏折，主张暗将官票宝钞改为可兑现的钞票。在1854年4月的大臣审议报告中，他受到严厉申斥。他是否受到笞刑，不得而知。审议报告最后说："臣等详阅所奏……所论专利商而不便于国。""[24]

## 钞票贬值停止发行

咸丰皇帝发行的钞票，不仅限于京城及附近省份流通，而且向全国推广。但是，这种推广遭到了地方官府的抵制，直到咸丰四年（公元1854年），朝廷关于开设官钱局、推行官票的旨令仅被福建、山西和陕西三省执行。咸丰皇帝严词斥责，各省却违令如故。咸丰五年九月，咸丰皇帝谕曰：

河南省州县于征收钱粮时，专收银钱，不收票钞，解司之时，则收买票钞，按五成搭解，以致商民于票钞不知宝贵。见在票

[24] 马克思：《资本论》第一卷，人民出版社，1975年版，第146～147页。

银一两，宝钞一千，均止易四五百文。河工领款，系八成票钞；二成见银，所领票钞难于行使。[25]

【摇鼓孩儿】

咸丰十年（公元1860年），银票一两仅值二百文铜钱，实银值钱六千有余，银票的价值已经贬值到实银的百分之三。咸丰十一年（公元1861年），宝钞也大幅度贬值，跌价到仅值面值的百分之三，不久便停止了流通。

同治元年（公元1862年），朝廷批准户部的奏折，朝廷财政收入停止收取钞票。

---

[25] 杨端六：《清代货币金融史稿》，武汉大学出版社，2007年版，第105页。转引自：《东华录》咸丰52，第34页。

中国古代的各种货币历时悠久，千百年来，许多当时的实物已经被漫长的时光消磨殆尽，许多事情的历史真相已经模糊不清，成为千古之谜。近百年来，随着科学技术的进步，考古发现为我们提供了更多的线索，金融理论的发展也为我们揭开古代货币谜案提供了更多的依据。在此，我们选择六个重大的谜案进行探讨，希望能够发现谜底。

谜案一：公元前221年，秦始皇灭六国，统一全国法制，车同轨，书同文，统一度量衡。两千多年过去了，度量衡持续地发生着缓慢的变化，这些缓慢变化的趋势，经常地表现为度量单位值的持续上升和衡单位值的持续下降。这种现象与中国古代铜钱重量的长期变化之间存在着怎样的联系？谜案二：秦始皇统一全国货币时，黄金被确定为法定货币之一，其货币单位是"溢"。然而，黄金货币单位"溢"的重量究竟是多少？谜案三：中国古代黄金大量失踪，早在北宋时期就已引起关注。宋太宗赵光义曾经询问虞部员外郎杜镐："西汉赐予悉用黄金，

而近代为难得之货，何也？"近代学者对这一历史现象背后的原因也有各种不同的解释，众说不一。谜案四：通货膨胀是经济中货币流通总量大幅度增加，超过了市场的客观需求，而引起的货币购买力的急剧下降。许多现代学者认为，通货膨胀是与纸币流通有密切联系的经济过程，只有在纸币流通的条件下，才可能出现通货过多而贬值的现象。然而，中国古代的铜钱却多次出现严重的通货膨胀，其原因究竟是什么？谜案五：中国古代曾经有过非常发达的纸币流通制度，从北宋的交子、南宋的会子、金朝的交钞发展到元朝的宝钞单一纸币流通制度。但是，为什么中国古代的纸币流通制度发展到明朝中叶却突然中断？谜案六：铜钱和纸币是中国古代法定的非称量货币，依靠朝廷的信用流通，所以成为中国古代各王朝实施货币政策的手段。黄金和白银是中国古代法定的称量货币，依靠自身的价值流通，中国古代各王朝不能使用黄金和白银实施货币政策。但是，为什么明清两朝将白银作为主要的流通货币？

# 一、中国古代重量单位值持续下降之谜
## —— 铜钱减重对重量单位值造成的影响

中国古代铜钱在全国范围内统一流通的历史，自秦始皇统一中国至清王朝灭亡，贯穿着中国皇帝专制历史的始终。中国古代铜钱的发展演化过程，是从足值铜金属货币向不足值铜金属货币转化的过程，是从金属货币向信用货币转化的信用化过程。在这个漫长的过程中，统治者基本上垄断着铜钱的铸造。他们在铸造铜钱时所具有的节铜牟利冲动，是推进铜金属货币信用化的主要动力。由于这种冲动的存在，在中国古代的各个时期，经常地发生铜钱减重的现象。与此同时，重量单位值在中国古代的大部分历史时期里，也呈现着持续下降的趋势。分析其原因，铜钱减重对重量单位值的变化，曾经发生过重要的影响。

## 中国古代铜钱的减重

铜钱减重是指铸造者使用较少的铜金属铸造铜钱所造成的新铸钱币重量普遍低于流通中旧币重量的情况。铜钱减重的情况在中国古代铜钱流通史上经常地发生。铜钱减重的历史与铜钱流通的历史同样久远，这种现象在秦始皇用半两钱来统一全国货币之前就已经出现。半两钱是中国古代首次实现全国统一流通的钱币形态，始行于战国时期秦惠文王二年（公元前336年）。秦王政二十六年（公元前221年），秦国以武力统一了天下，并且统一了货币制度，半两钱便成为全国统一流通的钱币。秦国的重量制度，一两为二十四铢，半两便是十二铢。半两钱表面铭文"半两"，法定重量半两，即应重十二铢。秦惠文王始行半两钱初期，半两钱曾经足重十二铢，是铸铭文字与实际重量相符的钱币。这种足重十二铢、文重相符的钱币，近代多有出土，证实了半两钱始行初期是足值的铜金属货币。半两钱自秦惠文王始铸流通后不久，就发生了大幅度的减重。

战国晚期，由于秦国不断地铸行减重铜钱，同时并不销毁较重的旧钱，于是就出现了大小钱并行流通的局面。近代出土多批战国时期墓葬及窖藏的半两钱，各批半两钱的共同特点就是大小轻重不等、差距悬殊地混杂在一起。截至目前，尚无大小轻重相近的战国半两钱同批出土。以四川省青川县郝家坪战国秦墓出土半两钱为例，该墓出土半两钱七枚，这七枚半两钱的大小轻重，枚枚不同，最轻的三点二铢，最重的十四点四铢。该墓被考定为秦昭

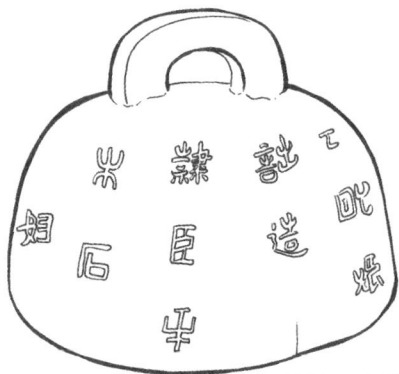

【高奴石权】

王元年（公元前306年）埋葬的，说明半两钱始铸后仅三十年就发生了严重的减重现象。铜钱减重造成了大小钱并行流通，而这种大小钱并行流通，是在法律的保护下进行的。1975年湖北省云梦睡虎地秦墓出土秦律竹简《金布律》载：

> 官府受钱者，千钱一畚，以丞、令印印。不盈千者，亦封印之。钱善不善，杂实之。出钱，献封丞、令，乃发用之。百姓市用钱，美恶杂之，勿敢异。[26]

官府收入钱币，以一千钱装为一畚，用丞、令的印封缄。钱数不满一千的，也应封缄。钱质好的和不好的，应装在一起。出钱时，要把印封呈献给丞、令验视，然后启封使用。百姓在交易时使用钱币，质量好坏一起通用，不得选择。这就是朝廷通过法令赋予铜钱、特别是不足值铜钱，作为信用货币法定流通的职能。官府收取铜钱时，不得拒绝不足值铜钱。百姓交易用铜钱，也不得拒绝不足值铜钱。法律保护不足值铜钱流通，自然促使铸造者萌发节铜牟利的冲动，并由此导致铜钱持续减重的倾向。

到了汉朝，法律继续保护劣币流通。1983年湖北省江陵张家山汉墓出土汉律竹简《二年律令·钱律》载：

> 钱径十分寸八以上，虽缺铄，文章颇可智，而非殊折及铅钱也，皆为行钱。金不青赤者，为行金。敢择不取行钱、金者，

---

[26] 睡虎地秦墓竹简整理小组：《睡虎地秦墓竹简》，第55页。

罚金四两。[27]

汉代《钱律》仍然没有规定铜钱的最低重量标准，其立法意图仍然是惩治那些拒绝接受不足值铜钱的人。

铜钱铸造者节铜牟利的冲动以及法律对不足值铜钱的保护，推动着铜钱减重的进程。秦始皇统一中国之后，半两钱已经从十二铢减重至八铢左右。西汉初年，由于反秦战争和楚汉战争对经济的破坏，半两钱继续大幅度减重至二铢左右。

## 铜钱减重的可持续性

到了西汉初期，半两钱的重量已经降至二铢左右，因而被后世人们称之为"榆荚钱"。朝廷如何对榆荚钱继续减重，就成为当时的一个难题。西汉开国皇帝刘邦的妻子吕后非常聪明，她采纳了一个绝妙的方法——铸行虚币大钱。

西汉高皇后二年（公元前186年），朝廷开始铸行八铢钱，即铭文"半两"、法重八铢的铜钱。榆荚钱被八铢钱替代，并非一比一的兑换，而是一比八的兑换。据王献唐先生的考证，"殆八铢一枚，当荚钱八枚也"[28]。榆荚钱重约二铢，八枚榆荚钱总量十六铢，以一枚八铢钱来替代总重十六铢的八枚榆荚钱，便是用八铢青铜替代十六铢青铜来行使同等价值的流通手段职能，因此也属于铜钱减重节铜的手段。虚币大钱流通之后，

27 朱红林：《张家山汉简〈二年律令〉集释》，社会科学文献出版社，2005年版，第134页。
28 王献唐：《中国古代货币通考》，青岛出版社，2005年版，第224页。

新一轮的减重又在虚币大钱的基础上继续进行。西汉高皇后六年（公元前182年），朝廷开始铸行五分钱，即法定重量只有铭文重量五分之一的铜钱。五分钱的表面仍然铸铭"半两"，但其重量却只有二点四铢，这显然是对八铢钱的大幅度减重。

朝廷采用铜钱减重措施与发行虚币大钱措施相交替，实现了铜钱减重的可持续性。汉武帝元鼎四年（公元前113年），上林三官五铢钱替代半两钱成为全国唯一合法流通的钱币，半两钱从此彻底地退出了流通领域。但是，发行虚币大钱的方法，却没有因为钱币制度的变化而消失，而是继续被后世王朝所运用。西汉末年，王莽铸行"大泉五十"；三国时期，刘备铸行"直百五铢"、孙权铸行"大泉当千"；南北朝时期，北周武帝铸行"五行大布"，这些铜钱都是以一兑多的虚币大钱，并且铸行后都发生了迅速减重的情况。唐高祖李渊于武德四年（公元621年）铸行"开元通宝"，结束了我国古代纪重铜钱流通的历史，从此铜钱表面不再铸铭重量。但是，铜钱信用化的进程并未因此而结束。朝廷铸行减重铜钱及虚币大钱的事情依然继续不断地发生。唐高宗铸行"乾封泉宝"以一当十；唐肃宗铸行"乾元重宝"以一当十；宋代折二、折五、当十的铜钱更是五花八门、种类繁杂、不胜枚举。

## 重量单位值的变化

秦始皇统一全国度量衡，是将战国时期秦国的度量衡标准推广到全国使用。秦朝的重量单位为：铢、两、斤、石。秦朝的重量制度为：二十四铢一两，十六两一斤，一百二十斤一石。根据对出土权衡器进行实测考证，秦代一斤重量折合现代二百五十三克。

从长期的历史过程来看，中国古代的度量衡并非稳定不变，而是缓慢变化的。丘光明、丘隆、杨平先生综合分析了中国古代各时期度量衡单位值变化的情况，制表如下：

### 中国历代长度、容量、重量单位值变化表

| 时期 | 每尺折合现代单位（厘米） | 每升折合现代单位（毫升） | 每斤折合现代单位（克） |
|---|---|---|---|
| 秦 | 23.1 | 200 | 253 |
| 西汉 | 23.1 | 200 | 250 |
| 东汉 | 23.1 | 200 | 220 |
| 三国 | 24.2 | 200 | 220 |
| 晋 | 24.2 | 200 | 220 |
| 南朝 | 247 | 200 | 220 |
| 北朝 | 25.6（前期）30.0（后期） | 300（前期）600（后期） | 330（前期）660（后期） |
| 隋 | 29.5 | 600 | 660 |
| 唐 | 30.6 | 600 | 662～672 |
| 宋 | 31.4 | 702 | 661 |
| 元 | 35 | 1003 | 610 |
| 明 | 32 | 1035 | 596.8 |
| 清 | 32 | 1035 | 596.8 |

数据来源：丘光明、邱隆、杨平著：《中国科学技术史》，科学出版社，2001年版，第447页。

中国货币法制史话

【秦铜车马】

从表中可以看出，以秦制比较清制，长度、容量、重量三者的单位值都呈现增长的变化。但是，自秦至清的变化，明显地出现了两个不同的变化阶段：自秦至晋，长度的单位值是逐步增加

的，容量的单位值没有发生变化，重量的单位值是逐步减少的；自隋至清，长度和容量的单位值都是逐步增加的，重量的单位值仍然是逐步减少的。在此中间，南北朝时期发生了两极分化，南朝维持了晋制，度量衡的单位值基本上保持了稳定；北朝的容量和重量的单位值却突然地扩大到三倍，长度的单位值也扩大到一点二倍。此后，隋朝继承了北朝的制度，尽管隋炀帝曾经试图恢复古制，但是没有能够取得成功。《隋书·律历志》载："开皇以古称三斤为一斤，大业中依复古秤。"[29]隋炀帝复古改制没有成功，到了唐朝，北朝后期扩大了的度量衡单位值就被定为制度，即古制三升为当时一升，古制一尺二寸为当时一尺，古制三斤为当时一斤。唐朝对度量衡所做的定制，并没有

---

能够扭转长度和容量单位值逐步上升和重量单位值持续下降的长期演化趋势。


## 铜钱减重的影响作用

从历史长期演化的角度来看，中国古代的度量衡的单位值，各自都在持续地发生着缓慢的变化。度量衡单位值变化的原因，主要是古代各王朝在征收租税过程中，大多希望在名义上不增租加税的情况下，提高朝廷的实际收益。提高度量衡单位值，正是实现这一希望的有效途径。

首先，尺度单位值在自秦至清的变化过程中，大幅度增长主要发生在魏晋南北朝时期，其原因在于当时朝廷征收租税的内容多为绢、布。王国维先生讲到尺度的增长时指出："其增率之速，莫剧于西晋后魏之间。求其原因，实由魏晋以后，以绢、布为调。官吏惧其短耗，又欲多取于民，故代有增益。"[30] 其次，容量单位值在自秦至清的变化过程中，大幅度增长主要发生在北朝及宋、元时期，其原因在于北朝及宋、元时期朝廷征收租税的内容多为米粟。朝廷多收米粟租税的倾向，造成了容量单位值的逐步上升。第三，重量单位值在自秦至清的变化过程中，各个时期都是在逐步地下降，唯独北朝时期出现了剧烈的增长。北朝时期重量单位值剧烈增长的原因，可能是因为当时牧业在社会生产中的比重较大，牲畜肉类成为重要的商品和租税的内

---

[30] 王国维：《记现存历代尺度》《观堂集林》卷十九《史林十一》，河北教育出版社，2003 年版，第 467 页。

容，朝廷多收肉类牲畜租税的倾向，造成了重量单位值的上升。

但是，在北朝以外的其他各个历史时期中，重量单位值却都呈现出逐步下降的趋势，其原因应该是受到铜钱减重的影响。中国古代的大部分时期，重量主要用来称量金、银、铜钱等金属货币。货币不同于商品，处于与商品对立的地位。商品主要是由民间生产的，朝廷需要的商品是从民间征收的。货币却是朝廷铸造的，民间需要的货币需要向朝廷换取。朝廷需要商品不断地增加，但是又需要铜钱不断地减重。因此，主要用来衡量谷帛的容量单位值和尺度单位值都呈现着增长的趋势，唯独主要用来衡量金属货币的重量单位值却呈现出下降的趋势。当然，朝廷有时也将铜钱作为征收租税的内容。然而，即便在征收铜钱的情况下，朝廷仍然没有要求铜钱的重量上升。其原因有二：首先，铜钱基本上是由朝廷垄断铸造的，朝廷经常给予大小铜钱同等价值的法定法流通能力，自然不能否定自己铸造的减重铜钱；其次，朝廷征收铜钱的目的在于用来购买其他商品。因此，朝廷只关心铜钱的名义价值和购买能力，并不追求其金属含量。

铜钱减重造成重量单位值与法定重量单位值之间的差距。法定重量单位值标准追随着社会实践变化而出现缓慢的调整，促进了法定重量单位值逐步下降的趋势。这种影响作用，与朝廷征收谷帛租税实践活动影响着法定尺度和法定容量单位值变化的道理是一致的。

除非朝廷采取了铜钱大幅度减重的货币改制措施，铜钱减重过程是极为缓慢的。一般来说，在市场自然发展变化的机制下，铜钱减重的变化，是在法律规定的误差或行业管理允许的误差之内发生。战国晚期秦国法律就已经对重量单位值误差做出明文规定。睡虎地秦墓竹简《效律》规定：

> 衡石不正，十六两以上，赀官啬夫一甲；不盈十六两到八两，赀一盾。""半石不正，八两以上；钧不正，四两以上；斤不正，三朱（铢）以上。""黄金衡羸（累）不正，半朱（铢）以上，赀各一盾。[31]

法律要求重量单位值的误差，不得超过百分之一左右。铸造者利用这个法定误差，铸造不足值铜钱，可以节约铜材百分之一左右。久而久之，比照大量铜钱的弱减量，法定重量单位值追随着这种弱减，出现了相应的弱减。此后，法定重量单位值的弱减，反过来又为铜钱减重提供了进一步的减重空间。循环往复，就形成了铜钱减重对重量单位值发挥影响的机制。

[31] 睡虎地秦墓竹简整理小组：《睡虎地秦墓竹简》，第113～114页。

# 二、中国古代黄金货币单位重量之谜
## —— 试论战国秦汉黄金货币单位的演变

　　中国古代的黄金是法定货币，其货币单位的演化确立，集中在秦汉之际。司马迁说："及至秦，中一国之币为（三）【二】等，黄金以溢名，为上币；铜钱识曰半两，重如其文，为下币。"[32]秦始皇统一全国货币时，黄金被确定为法定货币之一，其货币单位是"溢"。然而，黄金货币单位"溢"的重量究竟是多少，历代文献中说法不一，因而成为千古之谜。

## 战国时期的黄金货币单位

从文献看，战国时期的黄金货币单位"益"的单位重量比较混乱，有"二十两"、"二十四两"、"四十四两"、"为米二升"、"二十四分之一"诸说法。"益"有时又被写作"溢"或"鎰"。

《战国策·秦一》："赵王大悦，封为武安侯，受相印……

---

[32]《史记》卷三〇《平准书》，第1442页。

黄金万溢，以随其后。"[33]笺证：高诱云："万溢，万金也。二十两为一溢也。"鲍彪云："一镒二（元刊吴本'二'误作'四'）十四两。"[34]《战国策·东周》："赵取周之祭地，周君患之，告于郑朝。郑朝曰，'君勿患也，臣请以三十金复取之'。"[35]笺证：鲍彪云："一斤为一金"。吴师道云："正义云：'秦以一镒为一金'"。孟康云："二十四两"。[36]《史记·苏秦列传》："黄金千溢，白璧百双，锦绣千纯，以约诸侯。"[37]索隐云："战国策作'万溢'一溢为一金，则二十两曰一溢，为米二升。郑玄以一溢为二十四分之一，其说异也。"

　　元刊吴本云"四十四两"，疑为二十四两之误。"为米二升"和"二十四分之一"可能是将重量单位"溢"与容量单位"溢"相混淆。究竟是二十两，还是二十四两，多有争议，两千年来未能定论。

　　文献中说法不一，金、斤、溢、镒多有混淆使用，抄誊笔录错误亦在所难免，真伪难辨。究其根本，在于战国时期各诸侯国的黄金货币单位各异。搞清究竟，要通过出土战国刻铭重量器物来考证。然而，目前此类器物十分稀少。现用五件具有较高可信度的战国刻铭重量器物分析如下：

　　1. 楚国钧益铜环权

　　1954年湖南长沙近郊出土楚国铜环权十枚，重量分别为

[33]《战国策笺证·秦一》二《苏秦始将连横说秦惠王》，上海古籍出版社，2006年版，第143页。

[34]《战国策笺证·秦一》二《苏秦始将连横说秦惠王》〔笺证〕，第162页。

[35]《战国策笺证·东周》二十二《赵取周之祭地》，第66页。

[36]《战国策笺证·东周》二十二《赵取周之祭地》，第66页。

[37]《史记》卷六九《苏秦列传》，第2250页。

0.69 克、1.30 克、1.90 克、3.90 克、8.00 克、15.50 克、30.30 克、61.60 克、124.40 克、251.30 克。其中第九枚刻有"钧益"二字。黄锡全先生考证"钧益"应为"间益"，即为半益。第十枚铜环权的重量相当于第九枚的两倍，应是一益的标准衡器，其重量为 251.3 克。[38]

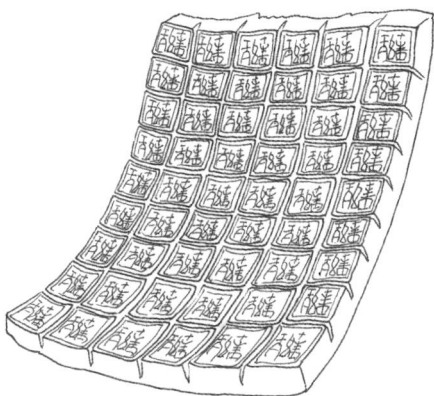

【联版爱金】

战国时期秦国一斤重 253 克[39]，一两重 15.8125 克。楚国的一益重 251.3 克。两者比较：251.3 克 ÷ 15.8125 克 =15.89 两，即楚国的益大约相当于秦国的十六两。

2. 魏国信安侯铜鼎

1979 年陕西武功出土魏国信安侯铜鼎，器铭九益，重量实测为 2842.5 克[40]，可以算出：2842.5 克 ÷9=315.83 克，即：一益为 315.83 克。

与秦国一两重 15.8125 克相比较：315.83 克 ÷15.8125 克 =19.97 两；即魏国的益大约相当于秦国的二十两。

3. 齐国临淄商王墓耳杯

1992 年山东临淄商王墓出土了大小两件有记重、记容的

38 黄锡全：《先秦货币研究》，中华书局，2001 年版，第 239 页。
39 丘光明、邱隆、杨平：《中国科学技术史》，科学出版社，2001 年版，第 171 页。
40 丘光明、邱隆、杨平：《中国科学技术史》，第 140 页。

第五辑 谜案探踪

耳杯，考证为战国末年齐国的器物。小耳杯刻铭中有："冢叁十傿"字样，实测重量116.71克[41]；大耳杯刻铭中有："冢一益卅八傿"字样，实测重量517.47克[42]。

小耳杯重"叁十傿"，实测重量116.71克，每傿应为：116.71克÷30=3.89克，即：一傿重为3.89克。大耳杯重"一益卅八傿"，实测重量517.47克，每益应为：（517.47克－3.89克）×38=369.64克，即：一益为369.64克。

与秦国一两15.8125克相比较：369.64克÷15.8125克=23.38两，即齐国的益大约相当于秦国的二十四两。

4. 卫国的平安君铜鼎鈈

现出土卫国平安君铜鼎有两件：

（一）1978年，河南泌阳县官庄出土一铜鼎，经考证为卫国卫嗣君廿八年铸造，鼎器刻铭"六益半鈈之冢"，实测重量2250克；[43]鼎盖刻铭"一益十鈈半鈈四分鈈之冢"，实测重量515克。

解方程：6益＋0.5鈈＝2250克；1益＋10.75鈈＝515克，得：1益＝373.906克；1鈈＝13.125克

（二）上海博物馆藏平安君铜鼎，经考证为卫国卫嗣君三十二年铸造，刻铭"五益六鈈半鈈四分鈈平"实测重量1970克。按照例（一）的结果，"五益六鈈半鈈四分鈈平"应为：373.906克×5＋13.125克×6.75=1958克，与实测重量1970克相比较，误差仅为0.61%。两物相证，说明上述计算益、鈈

[41] 丘光明、邱隆、杨平：《中国科学技术史》，第125页。
[42] 丘光明、邱隆、杨平：《中国科学技术史》，第125页。
[43] 河南省计量局：《中国古代度量衡文集》（丘光明：《试论战国衡制》），中州古籍出版社，1990年版，第396页。

中国货币法制史话

重量的结果是合理的。

与秦国一两 15.8125 克相比较：373.906 克 ÷15.8125 克=23.65 两，即卫国的益大约相当于秦国的二十四两。

楚、魏、齐、卫国益重量及折合秦国若干两汇总表

| 国家 | 益重量（克） | 折合秦国若干两（两） |
|------|------------|---------------------|
| 楚国 | 251.30 | 15.89 |
| 魏国 | 315.83 | 19.97 |
| 齐国 | 369.64 | 23.38 |
| 卫国 | 373.91 | 23.65 |

战国时期各诸侯国黄金货币单位重量不一，可能与其所处不同的货币流通区域有关。春秋战国时期，各诸侯国家经济发展不平衡，"产生了各种不同特点的货币形制，形成各个不同类型的货币流通领域。"[44] 黄河中游的三晋两周地区，形成了布币流通区；东部沿海的齐国是刀币流通区，北部的燕国和赵国为刀布并行区；圜钱既流通于刀币区，又流通于布币区；楚国则是单独的爰金、铜贝流通区。不同的货币流通区域，存在着不同的黄金货币单位制度。

"两"的重量之间也存在着差别，差别的程度与其所处的货币流通区域有关，也与其所处的地理位置有关。以上文所述实物测量为例，魏国益重量折合秦国二十两，实测差异仅为（20 − 19.97）÷20×100%=0.15%。这是因为，魏国与秦国

44 千家驹、郭彦岗：《中国货币史纲要》，上海人民出版社，1985 年版，第 20 页。

同属布币流通区，地理位置也比较近，两国"两"的重量最为接近。齐国"益"的重量折合秦国二十四两，实测差异为（24 － 23.38）÷24×100%=2.58%。这是因为，齐国与秦国属于不同的货币流通区，地理位置亦相距较远，两国"两"的重量差距较大。楚国"益"的重量折合秦国十六两，实测差异为（16 － 15.89）÷16×100%=0.69%。卫国益重量折合秦国二十四两，实测差异为（24 － 23.65）÷24×100%=1.46%。

　　楚国处于独立的爰金、铜贝流通区，魏国处于布币流通区，齐国处于刀币流通区，卫国是否处于刀币流通区，尚需进一步的考证，三个货币区的黄金货币单位制度不同，而其单位皆称"益"。"益"的单位重量，在楚国爰金、铜贝流通区相当于秦国的十六两；在布币流通区相当于秦国的二十两；在刀币流通区相当于秦国的二十四两。战国时期至少存在着这三种黄金货币单位制度。彭信威先生指出，楚国金钣有不同的数量组成，"根据实物和土范，一钣金饼的数目并不固定，有时十六方，有时二十方，有时二十四方。"[45] 当然，目前出土的楚国金钣有更多的形式，有十七、十八、十九方等，最多的达到五十四方，每方重量大约一两，实测重量每方十几克不等。然而，彭信威先生所述十六、二十、二十四方的楚国金钣一定曾经存在。战国时期，诸侯国之间的大宗商品贸易不可能只用铜钱，而是需要更多的贵金属称量货币支付。楚国是黄金出产国，金钣铸成十六、二十、二十四方，可能是为了方便对布币流通区国家及刀币流通区国家之间的大宗商品贸易使用。

　　《隋书·律历上·权衡》云："梁、陈依古称。齐以古称

[45] 彭信威：《中国货币史》，上海人民出版社，1965年版，第68页。

中国货币法制史话

一斤八两为一斤。开皇以古称三斤为一斤。"[46] 南朝崇尚古制，齐高帝萧道成曾为齐公、齐王，最后建立了南齐政权，一直以齐为号。因此，萧道成恢复了战国时期齐国的重量制度。从这里看，战国时期齐国的重量制度一斤为隋代的一斤八两，即十六两加八两共二十四两。也就是说战国时期齐国的重量制度一斤为二十四两。关于战国时期齐国曾用二十四两为黄金货币单位重量，这里也可作为一个佐证。

## 秦始皇统一黄金货币单位

秦始皇统一全国度量衡，也统一了全国的黄金货币单位制度。秦始皇统一全国度量衡，是将战国时期秦国的度量衡标准推广到全国使用。秦始皇颁布统一度量衡的诏书全文共四十字，被嵌在各种权量器物上发送到全国各地，近代已有大量出土，其诏文如下：

"廿六年，皇帝尽并兼天下诸侯，黔首大安，立号为皇帝，乃诏丞相状、绾，法度量则不壹歉（嫌）疑者，皆明壹之。"

战国时期，"秦国权衡单位用石、斤、两、朱（铢）制已被各种器物的刻铭所证实，假以文献记载，更无疑义"[47]。秦国的权衡制度：二十四铢一两；十六两一斤；一百二十斤一石。

[46]《隋书》卷一六《律历上》，第412页。
[47] 丘光明、邱隆、杨平：《中国科学技术史》，第169页。

战国时期秦国一斤为现代二百五十三克[48]，一两为现代十五点八一二五克。秦朝继承了战国时期秦国的权衡制度，近代出土秦代权衡器物以石、斤、两计，秦代铜币亦铭文"半两"，唯黄金以"溢"为单位。秦代黄金为称量货币，交易使用时要用秤来称。秦代黄金以"溢"为单位，是对战国时期各诸侯国繁杂多样的黄金货币单位实施统一规范的结果。

楚国、魏国、齐国和卫国的黄金货币单位皆为"益"。秦朝统一黄金货币单位名称，对"益"加列"水"字偏旁为"溢"，一是为了避免与容量单位的混淆；二是为了与秦朝水德制度相符。周朝火德，德衰国灭。秦以水灭火，定水德、改正朔、易服色、色尚黑，数以六为纪。秦钱半两为十二铢，是六的倍数，合五德水数。黄金货币单位当然也要与水德相符，就在"益"字上加了水字旁，成为"溢"字。后人常使用"镒"字来讲述秦朝的黄金货币单位。使用"镒"字代替"溢"来讲述秦朝的黄金货币单位，应始于汉武帝时期。秦朝水德，统治残暴，地衰国灭，而西汉前期却沿袭了秦朝的制度，对此未作改动。汉武帝好大喜功，定德改制，以土淹水，崇尚土德。于是，汉武帝下令以正月为岁首，色上黄、数用五、定官名、协音律。货币是朝廷法定流通的，自然不能用水作偏旁，而应采用金字作偏旁，所以就启用了"镒"字。汉朝皇帝姓刘，刘字由卯、金、刀组成，黄金又属于金属，益字加上金字作偏旁，可谓正合其义。此后，秦朝黄金货币单位用词多有混淆，司马迁使用"溢"字，后世人多使用"镒"字。

[48] 丘光明、邱隆、杨平：《中国科学技术史》，第171页。

秦朝采用溢为黄金货币单位，是沿用战国时期的秦国旧制，还是采用其他诸侯国家的货币制度，王献唐先生认为，"秦地一金重一镒，齐重一斤，两地不同。秦并天下，沿其旧制用镒，并使天下一律改镒。"[49]张南先生则认为秦朝是采用了其他诸侯国的黄金货币制度。"秦王朝规定……黄金仍采用称量货币形态，其单位没有采用秦国的斤两制，而是采用三晋及齐的'溢'，即镒的衡制。"[50]张南先生认为，"秦在战国时期，用'斤'做黄金的货币单位。如文献记载，秦用'金万斤'收买魏人，诋毁信陵君（《史记·魏公子列传》）；秦以'金千斤'予姚贾，以制止山东四国攻秦（《战国策·秦策三》）。"[51]

战国晚期，秦国已经采用"溢"作为黄金货币单位。《战国策·燕三》载："秦王目眩良久，而论功赏群臣及当坐者，各有差，而赐无且黄金二百镒。"[52]《史记·刺客列传》亦云："而赐夏无且黄金二百溢。"[53]荆轲刺秦王是在始皇二十年（公元前227年），此时统一度量衡的事情尚未开始，因此，秦国在统一度量衡之前就已经采用了"溢"为黄金货币单位。然而，虽然文献有载，确定战国时期秦国在使用石、斤、两、铢为一般权衡单位的同时，还采用"溢"作为黄金货币单位，目前仍然缺乏出土实物的证据。而战国时期的楚国、魏国、齐国和卫国，都采用"益"为黄金货币单位，已为出土实物所证实。

[49] 王献唐：《中国古代货币通考》，第 201 页。
[50] 张南：《秦汉货币史论》，广西人民出版社，1991 年版，第 22 页。
[51] 张南：《秦汉货币史论》，第 22 页。
[52] 《战国策笺证·燕三》五《燕太子丹质于秦》，第 1791 页。
[53] 《史记》卷八六《刺客列传》，第 2535 页。

秦国的"溢"重量究竟是多少，目前既无文献记载，又无出土实物证明。王献唐先生认为秦代可能采用了二十四两一溢的制度。"镒在先秦为二十两，始皇或改为二十四两。"[54] 王献唐先生提出此观点，并未举列证据。

秦国本国度量衡的统一，是在商鞅变法时完成的。周显王十年（公元前359年），秦孝公任命商鞅为左庶长，制定变法法令。商鞅即制定了鼓励军功、耕织、犯法连坐的法律。周显王十九年（公元前350年），商鞅集乡为县，设县令、丞，废井田，开阡陌，统一度量衡。

> 并诸小乡聚，集为一县，县置令、丞，凡三十一县。废井田，开阡陌。平斗、桶、权、衡、丈、尺。[55]

"商君者，卫之诸庶公子也，名鞅。"[56] 商鞅出于卫国，为秦国制定黄金货币单位制度，很可能受到卫国黄金货币单位制度的影响。如果商鞅统一秦国度量衡时采用了卫国的黄金货币单位制度，秦国一溢便应是二十四两。卫国的黄金货币单位制度与齐国相同，卫国是否属于刀币流通区国家，尚需考证。秦国属于布币流通区的国家，不去选择布币流通区魏国的二十两黄金货币单位制度，而是选择卫国的二十四两黄金货币单位制度，其原因有三：一是商鞅出于卫国，对卫国的黄金货币单位制度十分清楚，为秦国制定黄金货币单位制度，很可能采用

[54] 王献唐：《中国古代货币通考》，第201页。
[55]《资治通鉴》卷二《周纪二》，中华书局，1956年版，第57页。
[56]《史记》卷六八《商君列传》，第2227页。

卫国的黄金货币单位制度；二是卫国采用二十四两一溢，魏国采用二十两一溢，楚国采用十六两一溢。采用卫国的二十四进制与秦国原来的铢两二十四进制和谐一致，即二十四铢一两；二十四两一溢；三是二十四两正合五德水数。《史记·秦始皇本纪》曰："始皇推终始五德之传，以为周得火德，秦代周德，从所不胜。方今水德之始，改年始，朝贺皆自十月朔。衣服旄旌节旗皆上黑。数以六为纪，符、法冠皆六寸，而舆六尺，六尺为步，乘六马。"[57] 二十四两是六的倍数，正合五德水数。而二十不合。

秦朝统一黄金货币单位制度，应是以秦国旧制二十四两为一溢。然而，秦朝享国甚短，"黄金以溢名"未能持续很久，便被汉初"一黄金一斤"所替代。


## 汉初期黄金货币单位的改变

西汉初期，"为秦钱重难用，更令民铸钱，一黄金一斤。"[58] 黄金货币的单位就从"溢"变成了"斤"；而黄金货币单位的重量，便从二十四两，变成了十六两。但是，一"金"二十四两的概念影响颇为深远，并与"金一斤"十六两的概念，相伴并存。《九章算术》中计算黄金数量的例题给我们提供了佐证。

《九章算术·均输章》第15题："今有人持金十二斤出关。关税之，十分而取一。今关取金二斤，偿钱五千。问金一

---

[57]《史记》卷六《秦始皇本纪》，第237～238页。
[58]《史记》卷三十《平准书》，第1417页。

【元宝金条】

斤值钱几何？答曰：六千二百五十。"[59]《盈不足章》第5题："今有共买金，人出四百，盈三千四百；人出三百，盈一百。问人数、金价各几何？答曰：三十三人，金价九千八百。"[60]

两题金价不同，一曰"金一斤"值钱六千二百五十；一曰"金"价九千八百。对此，学者有不同的解释。宋杰先生认为，关税十分取一，金十二斤应取金一斤三两余，取二斤就是多取了十二两余，以钱折补，采用了每斤黄金6250钱的低价，"实际上是一种强制性的购买，不属于正常交易"[61]，体现了政府对百姓的盘剥。钱剑夫先生认为，《九章算术》两例题中金价的差别，原因在于黄金价格的波动。"一斤黄金值万钱，当为西汉王朝法定的比价。但亦根据实际情况时有涨落。所以，有时黄金一斤值九千八百钱，和万钱极近；有时则只值六千三百五十钱，较法定比价要低百分之三十。"[62]彭信威先生认为，《九章算术》两例题中金价的差别，原因在于采用了不同时代的钱，"《九章算术》中有两种金价，一种是一斤六千二百五十钱，另一种是一斤九千八百钱。前一种金价

[59] 郭书春译注：《九章算术》，辽宁教育出版社，1998年版，第359页。
[60] 郭书春译注：《九章算术》，第381页。
[61] 宋杰：《〈九章算术〉与汉代社会经济》，首都师范大学出版社，1994年版，第74页。
[62] 钱剑夫：《秦汉货币史稿》，湖北人民出版社，1986年版，第92页。

中国货币法制史话

大概是秦的金价，或以八铢半两计算的金价。"[63]瓯燕先生认为，《九章算术》两例题中金价的差别，仅为演算设计，不说明黄金实际价格，"《九章算术》卷六、卷七所云，金一斤值钱'六千二百五十'或'金价九千八百'不足为凭。因九章算术是算术教科书，它为演算需要设计。犹如今之算术课本，不要求题目内容与市场紧密挂钩，所以可供参考，而不可过分认真。"[64]

细读上述两题，第一题问"金一斤值钱几何？"；第二题问"金价各几何？"。显然，两题所问黄金单位是不同的，"金一斤"与"金"是不同的黄金单位。"金"是可以用做黄金单位名称的。叶世昌先生统计《战国策》中记载使用金的事情共有五十三次[65]，其中金的单位称谓共有五种形式：若干金、金若干斤、金若干镒、黄金若干斤、黄金若干镒，而其中采用若干金称谓的出现了三十四次，占总数百分之六十四。所以，在战国时期，"金"是最主要的黄金货币单位称谓。战国时期，楚国、魏国、齐国和卫国都以"镒"为黄金货币单位称谓，一"镒"便是一金，齐国和卫国的一"镒"相当于秦国的二十四两。西汉初期，"为秦钱重难用，更令民铸钱，一黄金一斤。"[66]"金一斤"为十六两，在战国时期也是黄金货币单位的一种。秦朝将黄金货币单位统一为"溢"，未采用"斤"。汉代恢复"斤"为黄金货币单位，并广泛使用。汉代权衡为石、钧、斤、两、铢制，一斤为十六两。《汉书·律历志》曰："二十四铢为两。

[63] 彭信威：《中国货币史》，第183页。
[64] 瓯燕：《试论秦汉黄金为上币》，《货币史研究》，1989年第3期。
[65] 叶世昌：《中国金融通史》，中国金融出版社，2002年版，第30页。
[66]《史记》卷三十《平准书》，第1417页。

十六两为斤。三十斤为钧。四钧为石。"[67]

一"金"为二十四两，"金一斤"为十六两，两者的比例是一点五比一。《九章算术》告诉我们，一金为九千八百钱，金一斤为六千二百五十钱，两者的比例是一点五六八比一，与一点五比一十分接近。所以，《九章算术》中两例题的黄金价格是基本一致的。郭书春先生说："《九章算术》从整体上说，反映了战国与秦代的物价水平,而不是汉代的物价水平。"[68]《九章算术》例题设计时，关于黄金价格的基本概念应该是大约"万钱一金"、"一金二十四两"和"金一斤十六两"；"金"与"金一斤"是不同的黄金货币单位。《九章算术》中出现不同的黄金货币单位的概念，根源于战国时期各诸侯国家存在着不同的黄金货币单位制度。

西汉初期，改用"金一斤"十六两为黄金货币单位，但是一"金"二十四两的概念依然存在。《九章算术》成书时间不详，但曾由张苍、耿寿昌删补残缺，校订时可能依循了秦朝的古制，也可能参照了西汉初期的概念，而一"金"二十四两与"金一斤"十六两并行的概念是明显的。张苍"好书律历，秦时为御史，主柱下方书"[69]，曾在秦朝为官，好律历，又主管文书档案，所以对秦朝货币单位必定十分清楚。张苍校正《九章算术》，以二十四两一"金"，与十六两"金一斤"并用，而不是以二十两一"金"与十六两"金一斤"并用，说明秦朝所用的"溢"，是卫国和齐国使用的二十四两的"益"，而非魏国

---

[67]《汉书》卷二一上，《律历志第一上》，第969页。
[68] 郭书春译注：《九章算术》，第17页。
[69]《史记》卷九六《张丞相列传》，第2675页。

所用的二十两的"益"。

汉高祖刘邦采用"一黄金一斤"的原因有三：一是"为秦钱重难用，更令民铸钱"[70]，自然是要铸造轻钱。黄金一金从二十四两降到十六两是为了与大幅度减重的铜钱相协调；二是黄金十六两一益的制度是楚制，刘邦拥楚怀王以反暴秦，恢复楚制具有政治色彩；三是通过实施通货膨胀政策来收敛财富，支持军事行动。

"一黄金一斤"所实现的减重幅度是巨大的，"万钱一金"的概念可能在一些场合下已经改成了"半万一斤"。《张家山汉墓竹简·算术书》中有这样的例题："金贾（价）两三百一十五钱，今有一朱（铢），问得钱几何。曰：得钱十三钱八分[钱]一。"[71] 从这个例题可以看出，黄金价格是5040钱，例题设计基本是根据半万一斤的概念而来。张家山汉墓竹简的成文不会迟于吕后二年（公元前186年）。因此，《算术书》中的物价应是西汉初期的物价。西汉初期物价波动较大，但是铜钱与黄金皆是金属货币，两者之间应有相对稳定的比例关系。半万一斤说明，黄金从溢到斤是实现了较大幅度的减重。这是黄金从溢到斤，是从二十四两改为十六两，而非从二十两改为十六两的又一支持。

战国秦汉黄金货币单位制度演变的大致途径是：战国各国诸侯使用着多种黄金货币单位制度；秦灭六国，统一黄金货币单位制度为二十四两一溢，仍可称为一金；及至汉兴"一黄

[70]《史记》卷三十《平准书》，第1417页。
[71] 张家山二四七号汉墓竹简整理小组：《张家山汉墓竹简》，文物出版社，2006年版，第138页。

金一斤"，黄金减重三分之一，从二十四两降到十六两。而二十四两一溢的秦朝黄金货币单位制度，以及二十两一益的战国时期三晋两周地区黄金货币单位的概念，一起流传下来，造成我们目前关于古代黄金货币单位"溢"在概念上的混淆。

# 三、中国古代黄金失踪之谜
## —— 东西方各国金银比价差异引起的金银对流

中国古代黄金失踪，早在北宋时期就已引起关注。宋太宗赵光义（公元 976 ～ 997 年）曾经询问虞部员外郎杜镐："西汉赐予悉用黄金，而近代为难得之货，何也？"[72] 杜镐回答说："当是时，佛事未兴，故金价甚贱。"[73] 杜镐的意思是说，西汉的时候佛教还没有传入中国，所以金多价贱。佛教传入中国之后，黄金多被用于佛像和法器，所以逐渐缺乏，成为难得之货。近代学者对西汉以后黄金失踪的原因也有各种不同的解释，其中主要有四种观点：黄金散入民间、黄金进入窖藏、黄金用于器物和黄金流到外国。由于众说不一，西汉以后黄金失踪的原因，迄今仍为历史之谜。

## 黄金失踪的时间

中国古代黄金的一个重要用途就是皇帝用它赏赐给文臣武将。因此，皇帝赏赐黄金的情况是考察当时黄金总量变化的一

---

[72]《宋史》卷二九六《杜镐列传》，第 9876 页。
[73]《宋史》卷二九六《杜镐列传》，第 9876 页。

个角度。《汉书》记载西汉（公元前206年～公元23年）皇帝赏赐黄金一百多次，《后汉书》记载东汉（公元25～189年）皇帝赏赐黄金九次，两次赏赐黄金数量总共约为九十二万斤。

从史书记载两汉皇帝赏赐黄金的情况变化来看，东汉皇帝赏赐黄金次数不足西汉皇帝赏赐黄金次数的十分之一，赏赐次数减少了百分之九十；东汉皇帝赏赐黄金总额两万余斤只相当于西汉皇帝赏赐黄金总额约九十万斤的百分之二，赏赐金额减少了百分之九十八。由此看来，中国古代黄金大量失踪的时间似乎在西汉东汉之际。但是，分析西汉前期与后期的情况，前后也有巨大的差异。汉昭帝以后皇帝赏赐黄金总额两万余斤，只相当于汉武帝（公元前140年～公元前87年）以前皇帝赏赐黄金总额八十七万余斤的百分之三，赏赐金额减少了百分之九十七。当然，汉武帝赏赐黄金数额巨大，在两汉皇帝中是个特例。如果我们不考虑汉武帝的情况，只比较西汉其他皇帝赏赐黄金的情况，汉昭帝以后六个皇帝在九十一年中赏赐黄金总额相当于汉景帝以前五个皇帝（包括吕后）在六十六年中赏赐黄金总额的百分之三十九。西汉后期皇帝赏赐黄金总额比西汉前期也呈现了大幅度的下降。

因此可以推断，中国古代黄金失踪，在汉武帝时期就已经开始，而不是在西汉东汉之际。

### 黄金失踪的原因

为什么汉武帝以后中国黄金就开始大量地失踪？杜镐的

解释是因为佛教传入中国，黄金被用于佛像和法器，所以逐渐缺乏。我们知道，佛教正式传入中国是在东汉明帝（公元58～75年）时期。汉明帝夜梦金人，项有日光，朝臣傅毅解释说那就是佛。于是汉明帝派使者赴天竺抄写经文，使者不仅抄回了经文，还请来了两个大和尚，佛教于此时便正式传入中国。佛庙寺院在中国的发展，在魏晋初期才形成气候，至南北朝时期达到昌盛。黄金大量用于佛像和法器，应该在佛庙寺院发展起来之后。而中国黄金失踪，在西汉中期佛教尚未传入时就已经开始，显然不能归因于佛教的传入。

至于近代学者对西汉以后黄金失踪的四种解释，可以说都有一定的道理，每种原因都在一定程度上影响了当时朝廷掌控黄金的数量。但是，中国古代黄金失踪最主要的原因，从经济规律的角度来分析，应该是黄金流到了国外。首先，黄金散入民间并不造成朝廷黄金的枯竭。一般情况下，朝廷与民间的财富状况是正相关的而非负相关，也就是说，"民富国亦富"。民间黄金如果十分充裕，朝廷的黄金一定也不会少。第二，黄金作为贮藏手段，被纳入窖藏，以后部分地被取出使用，乃是金属货币运动中的一种常态。西汉前后并无重大事件影响到这种金属货币窖藏与出土相互交替的运动常态，所以黄金窖藏也不应是引起西汉以后黄金总量巨额减少的主要原因。第三，至于说黄金被用于制作器物，更不应是引起黄金总量巨额减少的主要原因，因为黄金在中国古代是称量货币，黄金过多价格低贱时人们铸金为器，黄金稀缺价格昂贵时人们就毁器为金，不应该有黄金昂贵而人们大量铸金为器的道理。史书记载，汉武帝开启崇尚奢华之风，这一变化是否使黄金更多地被用于奢侈器物，从而引起黄金的巨额减少？根据现代经济理论，消费刺激生产，朝廷用金增加，会刺激冶金业的发展，更不应该是引起黄金总量巨额减少的主要原因。因此，西汉以后我国黄金大量失踪最主要的原因，应该是黄金外流到国外。汉武帝派遣张骞出使西域以后，西域商路逐渐畅通繁荣，中国对外贸易迅速增长，是黄金外流最主要的原因。但是，为什么对外贸易增长会引起中国黄金外流，而不是内流？这是值得我们深入分析探讨的问题。

【西域商队】

## 黄金白银的比价

自西汉至五代初期，中国的黄金白银比价与西方各国相比较存在着较大的差异。以南北朝时期为例，中国黄金白银比价为一单位黄金兑换五至六单位白银；印度也是一单位黄金兑换五至六单位白银；阿拉伯则为一单位黄金兑换六点二五单位白银；罗马和拜占庭是一单位黄金兑换十四点四单位白银。从地理上看，西方黄金价格高于东方，这种价格差异是循序渐进的，就是从东到西，黄金的价格逐步升高。反过来说，东方白银价格高于西方，这种价格差异也是循序渐进的，是从西到东，白银价格逐步升高。

汉武帝时期开通西域商路，促进了中、西方国家商人们的国际贸易活动，他们各自携带着中国的丝绸、漆器，外国的各种工艺品，以及黄金、白银和各国钱币，赶着骆驼来往穿梭在这条联结着中、西方国家的道路上。商人们很快就发现了中、西方各国之间黄金白银比价的差异，于是通过西行带金、东行带银的方式来减少成本、扩大利润。譬如，一个商人从罗马带五百五十两白银到中国，可以换取一百两黄金，再从中国带这一百两黄金到罗马，就可以换取一千四百四十两白银。当然，这种行为可能不是由一个商人全程完成的，而是分成几个地理段落，由几个商人联结共同完成的，这几个商人分享各自地理段落上的差价。总而言之，商人们的逐利行为造成了黄金从东向西的流动以及白银从西向东的流动，结果使中国黄金大量减少，白银大量增加。

### 黄金失踪的过程

中国黄金流向西方国家的运动经历了一个漫长的过程。在这个过程中，随着中、西方各国的黄金白银比价逐渐趋向一致，黄金西流的速度也就越来越慢。由于古代交通的困难，以及商品国际价差更大于黄金白银比价差异，商人们愿意贩运具有更大利润的各国奇珍异品，而不是金银，所以商人们西行带金、东行带银的活动延续了很久，大约用了一千年的时间，才使中、西方国家黄金白银比价差异达到一致。

王莽时期（公元9年～23年），中国黄金白银比价为好银一比三、次银一比五。《汉书·食货志》载：

> 黄金重一斤，直钱万。朱提银重八两为一流，直一千五百八十。它银一流直千。[74]

黄金一斤的价格是一万枚五铢钱，当时一斤为十六两，那么，黄金一两的价格就是六百二十五枚五铢钱。而好银八两的价格是一千五百八十枚五铢钱，一两的价格就是一百九十七点五枚五铢钱，黄金白银比价大约为一比三。次银八两的价格是一千枚五铢钱，一两的价格就是一百二十五枚五铢钱，黄金白银比价为一比五。南北朝时期，中国黄金白银比价达到一比五至一

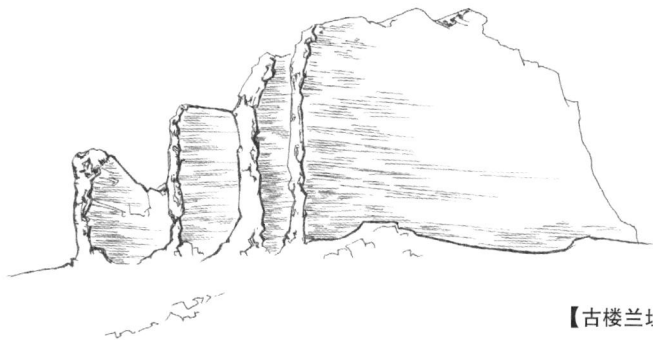

【古楼兰址】

[74]《汉书》卷二四下《食货志》，第1178页。

比六之间，黄金价格有所上升，白银价格有所下降，这就是黄金从东向西流通和白银从西向东流通的结果。到了五代（公元907～960年）初期，中国黄金白银比价已经达到一比十五，与西欧国家黄金白银比价基本相同。在这个漫长的过程中，中国黄金不断地流向西方国家，造成了中国古代黄金的失踪。

## 黄金失踪的结果

黄金失踪的结果是中国黄金价格不断上涨，黄金的常用单位从"斤"转变成为"两"，并且出现了白银货币化的趋势。

西汉时期，黄金一斤的价格是一万枚五铢钱，至魏晋时期，黄金价格出现了大幅度的提升。《孙子算经》云：

今有黄金一斤，直钱一十万，问两直几何？答曰：六千二百五十钱。[75]

《孙子算经》应该是魏晋时期的著作，它给我们提供的信息是，魏晋时期黄金的价格比西汉时期提高了十倍。南北朝时期，黄金价格继续保持了较高的水平。《夏侯阳算经》云：

今有金一斤，直钱一百贯。问一两几何？答曰：一两，六贯二百五十文。[76]

[75] 郭书春、刘纯：《算经十书》（二）《孙子算经卷下》，辽宁教育出版社，1998年版，第21页。
[76] 郭书春、刘纯：《算经十书》（二）《夏侯阳算经卷下》，第20页。

第五辑 谜案探踪

南北朝时期，五铢钱仍然是主要的流通钱币。一贯为一千枚五铢钱，一百贯就是十万枚五铢钱，黄金的价格仍然是西汉时期的十倍。关于《夏侯阳算经》成书的年代，学者多有争议，清代考据名家戴震认为该书作者韩延为隋时人，因此，其引用价格反映的是隋代之前的情况，即南北朝时期的情况。唐朝的黄金价格继续有所提高。赵璘《因话录》载：范阳卢仲元之妻兄：

> 常躬耕于洛城之东，得金一瓶，计百两，……，持金鬻于扬州，时金贵，两获八千。[77]

黄金一两的价格涨到八千文铜钱，折合十二万八千枚铜钱兑换一斤黄金。唐朝的铜钱，应该比前朝的五铢钱更重一些。所以，由此推断，唐代的黄金价格比以前有了更进一步的提高。

黄金价格大幅度上升的同时，黄金的常用单位也从"斤"转变为"两"。两汉时期有关黄金的记载，均以"斤"作为黄金单位。清代史学家赵翼在《陔余丛考》中说："金银以两计，起于梁时"。[78] 但是，从文献记载中看，黄金以两计，在晋代就已经见于记载了。《晋书·王机传》云："杜弢余党杜弘奔临贺，送金数千两与机，求讨桂林贼以自效。"[79] 这里讲"送金数千两"，而不是讲"送金数百斤"，说明当时人们已经开始使用"两"作为黄金的常用单位。

黄金大量流出国外，白银大量流入国内，白银的使用就日

---

[77] （唐）赵璘：《因话录》卷三《商部下》，上海古籍出版社，1957年版，第17页。
[78] （清）赵翼：《陔余丛考》卷三《金银以两计》，中华书局，1963年版，第622页。
[79]《晋书》卷一○○《王机传》，中华书局，1974年版，第2624页。

益频繁起来。秦始皇统一全国货币时，规定白银作为器饰宝藏，禁止其作为货币流通。到了王莽执政的时候，就将白银作为法定货币的一个品种，正式地进入了货币流通。东汉时期，白银虽然不是法定货币，但是史书中记载白银的使用频率有了明显的增加。两晋时期，出现了白银计价的记载，说明白银已经具备了一定的价值尺度性质。经历了隋唐时期的发展，宋代以后，白银货币化的趋势日益突出。明代中期大明通行宝钞被人们普遍放弃不用，朝廷开放白银之禁，白银就正式成为中国主要的流通货币。

# 四、中国古代铜钱通货膨胀之谜

## —— 铜钱的通货膨胀源于其信用货币性质

通货膨胀是经济中货币流通总量大幅度增加，超过了市场的客观需求，而引起的货币购买力的急剧下降。许多现代学者认为，通货膨胀是与纸币流通有密切联系的经济过程，只有在纸币流通的条件下，才可能出现通货过多而贬值的现象。然而，中国古代的铜钱却多次出现严重的通货膨胀，其根本原因是中国古代铜钱具有信用货币的性质。

### 朝廷发行法定非称量货币

中国古代的货币可以分为两种，一种是法定货币，另一种是非法定货币。中国古代的法定货币又可以分成两类，一类是称量货币，另一类是非称量货币。法定的称量货币主要有黄金和白银，交易使用时需要称量。法定的称量货币依靠本身的价值和法律的保护承担货币职能。法定的非称量货币主要有铜钱和纸币，交易使用时不用称量，在某些特定的历史时期，布帛和龟贝也是法定的非称量货币。法定的非称量货币依靠朝廷的信用和法律的保护承担货币职能。非法定货币种类很多，使用时需要称量的主要有布帛和粮谷，使用时不需称量的主要有法律未规定流通的古钱，民间经营的纸币和票券等。在中国古代大多历史时期里，布帛和粮谷不是法定货币，而是民间习惯使用的价值尺度、流通手段、支付手段和储藏手段，也是朝廷税收、财富宝藏和支付官俸、军饷的主要工具。

【称钱天平】

法定非称量货币是中国古代最为重要的货币形态，主要有铜钱和纸币。

纸币是最典型的法定非称量货币和信用货币，在中国古代宋金元明时期广泛流通。北宋初期流通的纸币交子，是我国最早的官方发行纸币，经过数百年的发展演变，至元朝形成比较完善的单一纸币流通制度。明朝中期纸币流通制度全面衰退，逐步被银两货币制度所替代。

中国古代的铜钱，也是朝廷发行的法定非称量货币，具有一定程度的信用货币性质，其流通贯穿中国古代皇帝专制王朝的始终。

法定非称量货币具有货币政策工具的功能，可以用来调节社会财富再分配。中国古代各王朝运用铜钱实施货币政策，通过铸行减重铜钱、铸行虚币大钱、扩大不足值铜钱发行量等方式，将社会财富部分或大部分，从民间收敛到统治者手中。


## 金银依靠自身价值流通

黄金和白银在中国古代大多历史时期里是法定称量货币，而粮谷在大多历史时期里是非法定称量货币。无论是法定称量货币还是非法定称量货币，交易使用时均需要称量，依靠自身的价值行使货币职能。

秦始皇统一全国货币时，即将黄金定为法定货币，规定黄金货币单位为"溢"。西汉初期，黄金货币单位从"溢"改为"斤"。西晋以后，黄金货币单位又从"斤"改为"两"。黄金货币一直以重量为单位。黄金贵重，是窖藏和随葬的最佳物品，王侯贵族和地主富商多用其窖藏或者随葬。战国时期的各类铜钱多有出土，其形制可辨。黄金货币若也有类似铜钱的法定铸币形制，应该也有出土发现。然而，迄今为止，我们没有发现标准形制、标准重量的黄金铸币出土。现存出土的黄金，如金饼、马蹄金等，大小轻重参差不齐。这说明，中国古代未曾发生过法定形制黄金铸币的广泛流通。既然没有标准形制的黄金铸币存在，黄金贵重，不可能按块儿使用，交易使用时必定需要称量，即便是战国时期楚国爰金，具有类似现代邮票的形象，却也大小轻重不等，不可能依据个数交易。因此，黄金在中国古代是法定称量货币，依靠自身价值承担货币职能。黄金贵重稀缺，难以承担日常生活中的价值尺度和流通手段职能。相对不断增长的商品生产和商品交换，黄金数量不足的问题日益突出。因此，黄金货币在其发展史上经常发生非货币化的倾向。

秦始皇统一全国货币时，规定白银只作为器饰宝藏，不得作为货币流通。随着西方国家白银的流入，白银在中国古代的财富性质和宝藏手段职能逐步得到加强。然而，白银货币化却经历了一个十分漫长的过程，直至宋代，才产生出明显的结果。但是，蒙古民族的入侵以及元朝的建立，又使我国古代白银货币化的发展突然中断。元朝的法律禁止白银作为货币流通，同时也禁止黄金和铜钱流通，实行了单一的纸币流通制度。朱元璋推翻元朝的统治，建立了明朝，并比照元朝的方法实行大明通行宝钞流通制度，继续禁止白银的流通。但是，不久之后，大明通行宝钞出现了严重的通货膨胀。明代中期，明王朝不得不解除白银禁令，以挽救因为纸币退出流通而造成的货币短缺危机。于是，白银迅速地取代了纸币和铜钱，一跃成为主要的流通货币。白银成为主要的流通货币不久，明朝就确立了银两货币制度，从而使白银成为更典型的法定称量货币。自明朝确立银两货币制度，至民国时期的公元 1933 年废两改元，此期间虽然在清朝末年出现过银两货币制度下的银元流通，白银一直是法定称量货币，依靠自身价值承担货币职能。

## 铜钱依靠朝廷信用流通

中国古代的铜钱和纸币是非称量货币，主要依靠其发行者——朝廷的信用，而非其本身价值行使货币职能。无论是铜钱还是纸币，交易时都不需要称量，而是按照其法定价值使用。

秦始皇统一全国货币时，即将铜钱定为法定货币，规定铜钱货币单位为"半两"。西汉武帝时期，铜钱货币单位从"半两"改为"五铢"。半两钱和五铢钱都是纪重钱，即在表面铭文自己重量的铜钱，所以表现出一定程度的铜金属货币流通的形式。但是，半两钱和五铢钱都是非称量货币，交易时称量其重量，只要认定它不是法律禁止的伪币，即可按照其表面价值使用。因此，纪重钱主要依靠朝廷的信用和法律的保护，而不是依靠本身的价值，承担货币职能，所以具有一定程度的信用货币性质。半两是重量单位，一两为二十四铢，半两就是十二铢。但是，秦始皇统一全国钱币为半两钱时，流通中大多数半两钱的重量在八铢左右，已经具有一定程度的信用货币性质。正是因为纪重钱具有信用货币性质，朝廷才可能运用铜钱的铸行和铜钱的轻重来调节社会财富的再分配。朝廷采用铸行减重铜钱和发行虚币大钱这两种措施，是两相交替的。当朝廷对铜钱实行减重，减到无可再减的程度时，就发行虚币大钱，以一换多地收回市场上流通的减重小钱，使铜钱的减重过程，在新铸虚币大钱的基础上继续下去。

唐高祖李渊铸行开元通宝，结束了中国古代纪重钱流通的历史，开启了通宝钱流通的时代。通宝钱表面不再铭文重量，而是铭文朝廷的年号或国号或吉语，并加之以通宝或元宝或重宝等字样。通宝钱制度不再强调铜钱所含铜金属的多少，而是更加强调朝廷的信用和法律的保护对铜钱流通的作用。通宝钱与纪重钱一样，仍然是非称量货币，而通宝钱的信用货币性质，比纪重钱更为突出，并且启发了人们接受制作成本更低的信用货币的想象。于是，就在纪重钱转为通宝钱的唐代，出现了纸币的初级形态——飞钱的流通。

纸币是比较铜钱更为典型的非称量货币和更为纯粹的信用货币。唐代出现的飞钱，并不是官方发行的纸币，而是民间发行的商业汇票，用于异地取现。飞钱虽然不是官方发行的纸币，但是飞钱的流通，也代替铜钱，承担了一部分货币流通的职能。北宋王朝将民间经营纸币交子收归官营，形成了官方发行的纸币。北宋王朝发行交子初始，就规定了交子的发行限额和发行准备制度，从而使交子具备了现代纸币的雏形。随着商品经济的发展，纸币流通制度发生了不断的演进。北宋末年的钱引、南宋的会子、金朝的交钞，纸币形态不断进步，纸币流通制度逐步完善。此后，在宋金纸币流通制度逐步发展完善的基础上，元朝建立了禁止金、银、铜钱流通，类似现代情形的单一纸币流通制度。宋金时期，纸币的广泛流通，使其在一定程度上替代了铜钱的货币政策工具的功能。然而，铜钱依旧依靠朝廷的信用承担货币职能，其信用货币性质仍然存在。

纸币流通制度的发展，在明代遭到了阻断。明代的纸币流通制度发生了明显的倒退，法律不再规定纸币发行的限额，也不再实行纸币发行准备制度，朝廷随意增加纸币发行量，造成严重的通货膨胀。不久之后，明王朝发行的纸币被人们废弃不用。在铜钱流通总量远不能满足商品经济发展需要，纸币又退出流通的情况下，明王朝只好解除银禁，白银跃为主要的流通货币，铜钱便成为白银货币的辅币。铜钱成为白银货币的辅币，代表一定数量的白银流通，更加具有一定程度的信用货币性质。

## 法律赋予铜钱信用货币性质

铜钱是由铜金属铸造而成的货币，其信用货币的性质，来自于法律的支持。

秦、汉初期的货币立法，继承战国晚期秦国的法律。秦王政二十六年（公元前221年），秦灭六国，建立了皇帝专制的全国统一政权。秦王朝将战国晚期秦国流通的半两钱推广到全国使用，形成了全国统一流通的钱币形态。秦王朝将战国晚期秦国的货币法律推广到全国执行，就形成了秦、汉初期货币立法的基本框架。不久以后，秦灭汉兴，西汉王朝在秦朝货币立法的基础上，进一步予以完善，形成了三项重要的货币立法原则：一是朝廷垄断铜钱铸造权，严禁百姓铸造；二是法律保护朝廷铸造铜钱的流通，各级官府及百姓，对朝廷铸造的轻重大小不同的铜钱，不得有所选择，必须同样接受；三是禁止百姓销毁流通中的铜钱。这三项货币立法原则，对于当时的货币流通，起到了重要的作用，对于后世的货币立法，也产生了深远的影响。

【法锤高悬】

法律规定百姓不得铸造，也不得销毁铜钱，朝廷铸行的铜钱轻重大小不同，皆按法定价值流通使用，这就使铜钱出现了持续减重的趋势。既然小钱可以与大钱同等价值流通，铸造小钱可以节约成本，自然愈铸愈小，铜钱的金属含量日益减少，其信用价值内容日益增多，信用货币性质也就愈来愈明显地呈现出来。

## 朝廷运用铜钱实施货币政策

铜钱的信用货币性质，使朝廷获得了通过调节铜钱轻重大小，实施货币政策及实现其财政目标的能力。金银是称量货币，依靠自身的价值行使货币职能，所以朝廷不能通过减少金银重量来扩大货币流通量。铜钱依靠朝廷的信用行使货币职能，所以朝廷可以通过减少铜钱重量，来增加铜钱的铸造数量，从而扩大货币流通量。铜钱的信用货币性质，是朝廷运用铜钱实施货币政策的必要条件。

朝廷运用铜钱实施货币政策，主要发生在纪重钱流通时期，即自秦汉至隋唐时期。汉文帝的臣子贾山说："钱者，亡用器也，而可以易富贵。"[80] 贾山认为，钱是王者的统治工具，用来调节社会财富的再分配。贾山的思想对后世货币立法及货币政策影响深远，中国古代各王朝均运用各种货币政策手段，调节社会财富的再分配。唐高祖李渊铸行开元通宝，纪重钱制度转为通宝钱制度，铜钱的性质有所变化。宋金元纸币流通逐渐广泛，并最终在元朝时期替代了铜钱的流通，铜钱作为实施货币政策手段的作用从此被削弱。

---

[80] 《汉书》卷五一《贾山传》，第 2337 页。

中国古代的货币立法，不仅赋予铜钱信用货币的性质，而且使铜钱具备了通货膨胀和通货紧缩的能力。通货膨胀是指社会货币流通总量大幅度增加，超过了市场的客观需求，而引起的货币购买力的急剧下降。许多现代学者认为，通货膨胀是与纸币流通有密切联系的经济过程。因为，只有在纸币流通的条件下才可能出现通货过多并从而引起纸币贬值的现象。在金属货币流通条件下，过多的铸币会自发地退出流通形成宝藏，因此不会发生通货膨胀。这一学说，对19世纪欧洲流行的金本位货币制度是符合的，因为金本位货币制度规定了百姓自由铸造黄金铸币的原则，所以铸币过少时可以通过百姓铸金为币而得到增加，铸币过多时可以通过百姓毁币为金而得到减少，从而使铸币总量自发地符合市场的需求。但是，中国古代的铜钱在全国统一流通的初始就确立了三项货币立法原则，百姓在铜钱过少时不能使用铜金属铸造铜钱，在铜钱过多时也不能将铜钱销毁为铜金属，所以不能形成铜钱总量适应市场需求的自发性调节机制。铜钱在中国古代多次出现过通货膨胀，严重时一石米可以卖到一万枚铜钱。铜钱在中国古代也多次出现过通货紧缩，严重时百姓卖儿卖女，换取铜钱来缴纳朝廷的税赋。然而，正是这三项货币立法原则的确立，使中国古代各王朝能够通过运用铜钱铸行和调节铜钱轻重来实施社会财富再分配。法律禁止百姓铸钱和毁钱，又规定各级官府和百姓都不能够对朝廷铸造的轻重大小不等的铜钱进行选择，这就给朝廷铸造的铜钱赋予了不足值流通的能力。于是，朝廷可以通过铜钱减重或铸造虚币大钱，将社会财富部分或大部分收敛到统治者手中。

　　铜钱的信用货币性质，是中国古代各王朝运用铜钱铸行或减少铜钱铸造成本来实施社会财富再分配的基础。中国古代各王朝通过铸行减重铜钱、发行虚币大钱或过量铸行铜钱的方式，将社会财富部分或大部分收敛到统治者手中。但是，过度地使用货币手段从民间敛财，会引发严重的通货膨胀乃至社会经济衰退甚至社会动荡。然而，正是统治者运用货币手段敛财的冲动，结合商品经济的发展大潮，推动了中国古代货币形态的发展和变化。

# 五、中国古代纸币制度衰败之谜

## —— 大明通行宝钞制度的脆弱性

中国货币法制史话

中国古代的纸币制度非常发达。从北宋的交子、南宋的会子、金朝的交钞，发展到元朝的单一纸币制度，中国古代的纸币制度便达到了顶峰。元朝纸币制度的完美奇妙，让西方大旅行家马可·波罗惊叹不已，欧洲人闻听视为天方夜谭。但是，为什么中国古代的纸币制度发展到明朝中叶却逐渐衰败，以致纸币被百姓废弃不用？我们可以根据文献的记载，结合现代货币理论，进行深入的分析研究，寻找其中的原因，以求揭开这一谜团。

### 大明通行宝钞制度的建立

朱元璋推翻了元朝的统治，建立明朝，不愿意采用元朝的单一纸币制度，便参照秦汉唐宋铜钱制度，铸行了重如其文的铜钱。

不久之后，社会和平促进了商品经济的恢复，铜钱流通总量出现了不足。洪武七年（公元1374年），朱元璋诏令设置宝钞提举司，第二年就仿照元朝的纸币发行了大明通行宝钞。

七年，帝乃设宝钞提举司。明年始诏中书省造大明宝钞，命民间通行。[81]

为了保障大明通行宝钞流通的稳定，比照元朝的办法，明王朝下令禁止百姓使用金银作为货币流通。百姓手中的金银，只能卖给官府换取宝钞。

【朱元璋像】

大明宝钞高一尺，宽六寸，折合现代高三十二厘米，宽十九点二厘米，[82]是相当大的纸币。大明宝钞青色，外为龙纹花栏，横题其额曰："大明通行宝钞"，内有上下两框，上框中图"串钱"，表示宝钞代表铜钱的数量，每"串钱"代表铜钱一百文，一贯文宝钞图十串钱，五百文宝钞图五串钱。钱上方云"一贯"或"伍佰文"等面额，两侧篆文："大明宝钞，天下通行"。下框中文字："中书省奏准印造，大明宝钞与铜钱通行使用，伪造者斩，告捕者赏银二十五两，仍给犯人财产。洪武某年某月某日。"

---

[81] 《明史》卷八一《食货五·钱钞》，中华书局，1974年版，第1962页。
[82] 明代1尺折合现代32厘米。

初期，大明通行宝钞由中书省印造。洪武十三年（公元1380年），明朝废中书省，造钞改属户部。大明通行宝钞面额六等：一贯、伍佰文、四佰文、三佰文、二佰文、一佰文。大明通行宝钞货币单位为"文"、"贯"和"锭"，一千文为一贯，五贯为一锭。大明通行宝钞发行之后，盗制问题十分严重，所以告发者赏银的数额又有增加。明成祖朱棣即位后，有人建议更制钞版将宝钞发行时间改为"永乐"，但是明成祖决定继续使用洪武年号。因此，大明宝钞从始至终只有洪武年号一种。

> 帝初即位，户部尚书夏原吉请更钞版篆文为"永乐"。帝命仍其旧。自后终明世皆用洪武年号云。[83]

## 脆弱的大明通行宝钞制度

与宋元两朝的纸币制度相比较，明朝的大明通行宝钞制度非常脆弱，可以说在制度方面出现了大幅度的倒退，其表现主要在以下三个方面：

一、没有设立发行限额制度。明朝的大明通行宝钞，没有设立发行限额制度，朝廷什么时候需要就什么时候增发。所以，大明通行宝钞不像朝廷发行的纸币，而像军队发行的军用券，完全是统治者掠夺民间的工具，具有严重的通货膨胀倾向。

二、没有设立发行准备制度。宋朝首次发行交子，便确立了发行准备制度。每界交子的发行限额为一百二十五万六千三百四十缗，发行准备为三十六万缗，准备率约为百分之二十八。元朝发行宝钞，更加强调发行准备制度，以朝廷掌控的金银丝绢为准备，在各地设立官库，专营宝钞发行及兑现业务。明朝的大明通行宝钞却没有设立发行准备制度，百姓持有大明通行宝钞，不能向官库兑现，其价值自然无法稳定。

三、钱钞兼行。元朝纸币制度基于唐代飞钱，宋代交会，金代交钞。总结前朝的经验，元朝建立了比较完善的单一纸币制度。明朝纸币制度采用钱钞兼行，大明通行宝钞代表铜钱与铜钱并行流通。宝钞与铜钱之间虽有法定比价，但是铜钱是实钱所以贵重，宝钞是虚钱价值不能保证，百姓藏实弃虚，宝钞便成为"快钱"，百姓不断地将手中的宝钞低价抛出，大明通行宝钞的价值就出现了逐步下降的趋势。

造成大明通行宝钞制度脆弱的原因，主要有以下两个方面：第一，军国主义立国思想的影响。尽管明代战争远不如唐宋时期那样频繁，明王朝却具有更为明显的军国主义立国思想。明朝实行卫所制度，军额保持在二百万左右。明朝一个军人涉及两个军户，一个在乡军户和一个卫所军户，在乡户每户平均五人，卫所户每户平均四人。所以，明朝军户人口大约保持在一千八百万左右，而明朝初期全国人口大约在八千万左右。军户人口在全国人口中占据了相当大的比重，所以明朝的行政带有浓厚的军事化倾向，诏令下达对象常称"军民商贾"，以军人作为首要的行政对象。在这种情况下，明朝的纸币也就比较类似军用券。第二，知识分子的才智被压制。宋代崇尚文化知识，所以产生了比较健康合理的纸币制度。元世祖忽必烈使用宋朝知识分子制定制度，并吸收了宋金纸币流通的经验，所以建立了比较完善的纸币制度。元代中、后期及至明代，知识分子地位逐步下降，其才智被压制，严重地影响了明朝的制度建设。

虽然大明通行宝钞制度非常脆弱，但其使用范围却十分广泛，朝廷开支军人的生活费用、工人的工资、官员的俸禄，都采用支付宝钞的方式。

【锦衣卫士】

在外卫所军士，月盐皆给钞，各盐场给工本钞。十八年，天下有司官禄米皆给钞，二贯五百文凖米一石。[84]

## 百姓终于将宝钞废弃不用

大明通行宝钞发行后不久，就发生了严重的通货膨胀。一贯宝钞在洪武八年（公元 1375 年）价值一千文铜钱，到了洪武二十七年（公元 1394 年）便下降至一百六十文铜钱。于是，朱元璋仿照元朝的办法，诏令禁止铜钱流通，实行了单一纸币

---

[84]《明史》卷八一《食货五·钱钞》，第 1962 页。

制度。但是，物价却仍然上涨，其原因是宝钞发行过量，所以禁止铜钱流通的法令不久又被废黜。到了永乐初年（公元 1403 年），朝廷为了缓解大明通行宝钞的通货膨胀问题，实施货币回笼措施，开始使用食盐从百姓手中大量换回宝钞。

都御史陈瑛言："比岁钞法不通，皆缘朝廷出钞太多，收敛无法，以致物重钞轻。莫若暂行户口食盐法。天下人民不下千万户，官军不下二百万家，诚令计口纳钞食盐，可收五千余万锭。"帝令户部会群臣议。大口月食盐一斤，纳钞一贯，小口半之。从其议。[85]

陈瑛的观点是：过去钞法出现问题，是因为印制的宝钞太多了，使用宝钞过多地从市场购买物资，造成物价上涨。如果按户口卖盐给百姓，让百姓使用宝钞向官府购买食盐，百姓数量巨大，必须食盐，就可以将宝钞收回朝廷。陈瑛计划回收宝钞五千万锭，就是二千五百亿文，这是个很大的数目。明成祖朱棣令户部会群臣讨论，提出实施方案：大口一月食盐一斤，纳一贯宝钞，小口食半斤，纳半贯宝钞。朱棣批准了这个方案。当时民户约有一千万户，每户一夫挟六口，即一千万大口和五千万小口，每月缴纳盐钞三千五百万贯，每年就是四万二千万贯，即四千二百亿文，超过了陈瑛的计划。但是，这个结果似乎仍然不够，朱棣又采用了更多的办法来回收宝钞。

---

[85]《明史》卷八一《食货五·钱钞》，第 1963 页。

设北京宝钞提举司，税粮课程赃罚俱折收钞，其直视洪武初减十之九。后又令盐官纳旧钞支盐，发南京抽分场积薪、龙江提举司竹木鬻之军民，收其钞。应天岁办蘆柴，徵钞十之八。[86]

明成祖朱棣采用的办法，解决了一时的问题，通货膨胀暂时有所缓解，但却不能解决长期的问题。不久之后，宝钞发行过量，通货膨胀又起。

仁宗监国，令犯笞杖者输钞。及即位，以钞不行询原吉。原吉言："钞多则轻，少则重。民间钞不行，缘散多敛少，宜为法敛之。请市肆门摊诸税，度量轻重，加其课程。钞入官，官取昏钞软者悉毁之。自今官钞宜少出，民间得钞难，则自然重矣。"[87]

宝钞通货膨胀过于严重，致使其无法流通，百姓不使用宝钞交易。所以，明仁宗咨询夏原吉解决问题的办法。夏原吉自明成祖时期就是户部尚书，深知宝钞流通中的问题，所以一语道破问题的核心所在，即宝钞发行量过大。夏原吉提出解决问题的办法，一是减少发行，二是货币回笼。明仁宗接受了夏原吉的建议，并禁止金银布帛作为货币进行交易。

乃下令曰："所增门摊课程，钞法通，即复旧，金银布帛交易者，亦暂禁止。"[88]

---

[86]《明史》卷八一《食货五·钱钞》，第 1963 页。
[87]《明史》卷八一《食货五·钱钞》，第 1964 页。
[88]《明史》卷八一《食货五·钱钞》，第 1964 页。

中国货币法制史话

明仁宗诏令禁止金银实物交易，强令民间使用宝钞交易，这种方法与元朝的纸币制度有些接近。但是，官府能够禁止金银交易，却不能够禁止物价上涨。宣德年间（公元1426～1435年），宝钞进一步膨胀，物价进一步上涨。

至宣德初，米一石用钞五十贯，乃弛布帛米麦交易之禁。凡以金银交易及匿货增直者罚钞，府县卫所仓粮积至十年以上者，盐粮悉收钞，秋粮亦折钞三分，门摊课程增五倍，塌房、店舍月纳钞五百贯，果园、赢车并令纳钞。户部言民间交易，惟用金银，钞滞不行。乃益严其禁，交易用银一钱者，罚钞千贯，赃吏受银一两者，追钞万贯，更追免罪钞如之。[89]

洪武十八年(公元1385年)，法定二千五百文宝钞抵米一石，而宣德初年每石米用宝钞五万文，大明通行宝钞的价值降至发行初期的二十分之一。明王朝禁止金银流通，强制宝钞流通，效果不佳，大明通行宝钞继续贬值。随着流通中白银使用的日趋增多，宝钞的使用日趋减少。

大明通行宝钞通货膨胀严重，百姓终于废弃宝钞不用。金银被法律禁止流通，宝钞又被百姓废弃不用，市场就出现了货币流通严重不足的问题。为了挽救货币严重短缺的危机，正统元年（公元1436年），明英宗下令解除交易用银的禁令。

英宗即位，收赋有米麦折银之令，遂减诸纳钞者，而以米

---

[89] 《明史》卷八一《食货五·钱钞》，第1964页。

银钱当钞，弛用银之禁。朝野率皆用银，其小者乃用钱，惟折官俸用钞，钞壅不行。[90]

　　结果是大家都使用白银，大明通行宝钞的贬值速度更为加快。明宪宗成化年间（公元1465～1487年），大明通行宝钞每贯的价值下降到不足一文，"是时钞一贯不能直钱一文"。[91]

　　到了此时，大明通行宝钞制度便彻底地衰败了。

---

[90]《明史》卷八一《食货五·钱钞》，第1964页。
[91]《明史》卷八一《食货五·钱钞》，第1964页。

# 六、中国古代白银跃为主要货币之谜
## —— 明代中期朝廷开放白银禁令的原因

秦始皇灭六国，统一天下，即下令禁止白银作为货币流通。西汉末年，王莽篡位后立刻进行了货币改革，实施宝货制，将白银列为法定货币的一种。但是，王莽的货币改革只是昙花一现，瞬间即逝。东汉、魏晋南北朝时期，白银仍然不是法定货币，但其作为货币的使用却在逐步地增多。隋唐时期，黄金和白银都不是货币，而是财富宝藏的手段，铜钱和绢帛才是流通的货币。到了宋代，中国古代的商品经济达到了空前的顶峰，货币流通总量不能满足商品经济发展的需要，白银就出现了货币化的倾向。但是，此后的元朝实行单一纸币制度，禁止白银作为货币流通，白银的货币化倾向即被阻断。明朝继续实行禁止白银流通的法令，直到明朝中叶正统元年（公元1436年），明英宗下令解除交易用银的禁令，白银才一下子替代了纸币和铜钱，成为最主要的货币。白银从被禁止流通，一下子跃为主要货币，其中缘由值得探讨。

## 明英宗解除白银禁令

元代的单一纸币制度，是唐宋辽金商品经济发展及纸币制度发展演变的结果。朱元璋建立明朝，为了体现推翻元朝暴政的宗旨，废弃了元朝的单一纸币制度，建立了重如其文的铜钱制度。随着战争的逐步结束，商品经济逐步复苏，铜钱流通总量就不再能够满足商品经济的需要，朱元璋不得不努力恢复纸币流通。洪武八年（公元1375年），明王朝开始发行"大明通行宝钞"。为了保障宝钞流通的稳定，比照元朝的办法，明王朝下令禁止百姓使用金银作为货币。百姓手中的金银，只能卖给官府换取宝钞。

禁民间不得以金银物货交易，违者罪之，以金银易钞者听。[92]

与宋元两朝的纸币制度相比较，明朝的纸币制度十分糟糕，可以说是出现了大幅度的倒退。朱元璋发行大明通行宝钞，没有设立发行限额制度，也没有设立发行准备制度。大明通行宝钞发行无度，其价值自然无法保证。朱元璋又令宝钞与铜钱并行流通，导致了劣币驱逐良币，大明通行宝钞成为"快钱"，被百姓低价抛出，所以不断贬值。朱元璋去世二十多年之后，到了明宣宗时期（公元1426年至公元1435年），大明通行宝钞的通货膨胀程度已经超过了百姓的忍耐程度，终于被百姓废弃不用。

明朝以军事立国，实行卫所制度，铜金属大量用于军事，铜钱的铸造严重不足。商品经济的发展需要大量的货币，铜钱总量不足，纸币又被人们废弃不用，就出现了货币短缺危机。

---

[92] 《明史》卷八一《食货五·钱钞》，第1962页。

为了挽救危机，正统元年（公元 1436 年），明英宗下令解除交易用银的禁令。

> 英宗即位，收赋有米麦折银之令，遂减诸纳钞者，而以米银钱当钞，弛用银之禁。朝野率皆用银，其小者乃用钱，惟折官俸用钞，钞壅不行。[93]

【运银镖车】

明英宗不仅解除了交易使用白银的禁令，而且还将南畿、浙江、江西、湖广、福建、广东、广西等地的田赋米麦四百多万石折征银两，即所谓"金花银"。从此，白银成为正赋。

明英宗即位时只有九岁，朝廷大权掌握在他的祖母太皇太后张氏手里。所以，正统初年朝廷出台的政策都是辅政大臣们的建议，太皇太后做的决策。明英宗的母亲孙氏是个非常美丽的女人，与太皇太后张氏是同乡。早在明成祖朱棣在位时，朱棣令儿媳张氏抚养了孙氏。明仁宗即位后，张氏就成为皇后，孙氏就成为张氏的儿媳。明仁宗在位只有一年就去世了，太子

---

93 《明史》卷八一《食货五·钱钞》，第 1964 页。

登基是明宣宗，孙氏就成了皇后，张氏就成为皇太后。

　　明英宗是个故事非常多的皇帝。当他即位皇帝的时候，辅佐朝政的是三位经历了永乐、洪熙、宣德三朝的著名大臣：杨士奇、杨荣、杨溥，史称"三杨"。解除白银禁令的法令，就是出自"三杨"的策划。随着明英宗年龄的增长，太皇太后张氏和"三杨"逐步衰老，相当有些文化水平的大太监王振逐步掌握了朝廷的大权。在王振的鼓动下，明英宗亲征瓦剌兵败土木堡被俘。于谦守北京，拥戴明英宗的弟弟朱祁钰称帝，打退了瓦剌的军队，迎回了明英宗，让明英宗做了太上皇。不久，朱祁钰生了病。太监曹吉祥联合大将军石亨发动夺门之变，迎明英宗复辟，使明英宗又做了几年皇帝。明英宗临去世时，又做了一件大事情，就是废黜了宫妃殉葬的制度。

## 白银一跃为主要货币

　　正统元年（公元 1436 年），明王朝对白银实行解禁，朝野皆用白银，白银一跃为主要货币。白银成为合法流通的货币，大明通行宝钞的使用便进一步减少。嘉靖四年（公元 1525 年），"钞久不行，钱已大壅，益专用银矣。"[94] 在此期间，官俸、军饷、税赋征收各项，由收支钱钞皆转为收支白银。嘉靖八年（公元 1529 年），户部尚书李瓒应诏陈仓场六事，其中一事为：

---

[94]《明史》卷八一《食货五·钱钞》，第 1965 页。

各处解到库银率多细碎，易起盗端。乞行各府州县，今后务将成锭起解，并记年月及官吏、银匠姓名。[95]

明世宗批准了李瓒的建议，命令地方解京银两皆倾铸成锭，并纪年月、官吏及工匠姓名。从此，银两有了规定的成色、重量和单位，又定为纳税货币和朝廷财政收支的计算单位。至此，银两货币制度正式确立。同时，嘉靖年间大规模铸造铜钱，工匠铸造铜钱夹杂铅锡的问题很严重，货币流通益加转向白银。

帝患之，问大学士徐阶。阶陈五害，请停宝源局铸钱，应支给钱者悉予银。帝乃鞫治工匠侵料减工罪，而停鼓铸。自后税课徵银而不徵钱。[96]

为避免铜钱存在的问题，嘉靖帝采取的对策是停止铸钱，税赋徵银而不再徵钱，结果是进一步巩固了白银作为主要货币的地位。然而，使白银成为主要货币的另一个重大事件是万历九年（公元1581年）实行的一条鞭法。

一条鞭法的核心内容是赋役合并、正杂统筹、计亩徵银。一条鞭法计亩收银，促进了白银作为主要货币的作用，使得银两货币制度得到进一步的巩固。一条鞭法化繁为简，纳税人无法确切知道所纳何税，该纳多少，所以给收税官带来作弊机会。同时，朝廷增税方法也得到简化，只说亩增若干，即可获得所需财赋。所以，万历中期对外发动"三大征"战役，即征宁夏

---

[95]《明世宗实录》卷九八《嘉靖八年二月壬辰》。
[96]《明史》卷八一《食货五·钱钞》，第1967页。

【海运白银】

哱拜、征播州杨应龙和援助朝鲜三大战役，增派亩税白银数量，朝廷征税效率得到空前的提高。万历晚期摊派辽饷、剿辽、练饷，岁收二千万两，不久之后就引发了农民大规模的起义。万历皇帝去世后二十余年，李自成的农民起义军就攻入北京，万历皇帝的孙子崇祯皇帝自缢身亡，明王朝灭亡。

## 白银作为货币的弊端

大明通行宝钞制度的崩溃以及铜钱流通总量不足，使明王朝不得不解除禁止白银作为货币流通的法令。朝庭税赋改徵钱为徵银，军事行动大规模徵银等因素，不断地巩固了白银的货币地位，使白银跃为主要货币，大明通行宝钞便逐渐地退出流通。但是，白银作为货币的弊端很多。

首先，白银作为货币，方便了朝廷实施计亩徵银的办法，提高了朝廷掠夺百姓的效率，使百姓生活迅速陷入困境，引发了大规模的农民起义，导致了明朝的灭亡。明清之际的三大思想家黄宗羲、顾炎武、王夫之都认为明朝的灭亡，外族的入主，都是由于白银货币流通造成的。黄宗羲认为用银为天下之大害，"后之圣王而欲天下安富，其必废金银乎"。[97] 顾炎武认为计亩征银是"穷民之根，匮财之源，启盗之门"。[98] 王夫之认为用银"使天下之害不可讫"，"奸者逞，愿者消，召攘夺而弃本务，饥不可食，寒不可衣，而走死天下者，唯银也。"[99]

其次，白银作为货币，不利于朝廷运用货币手段调节财政收支。铜钱和纸币是中国古代法定的非称量货币，依靠朝廷的信用流通，所以成为中国古代各王朝实施货币政策的手段。朝廷可以通过扩大信用发行，如铜钱减重、铸行虚币大钱、增发纸币等手段，调节国民收入的再分配，将社会上大量财富收敛到统治者的手中。黄金和白银是中国古代法定的称量货币，依靠自身的价值流通，中国古代各王朝不能通过信用发行黄金和白银来实施货币政策。

然而，无论思想家们如何抨击朝廷采用白银引发的恶果，无论朝廷如何不能运用白银实施货币政策，白银的使用却日益广泛，银两货币制度日益成熟。及至清朝，银两货币制度得到更大的发展。清王朝规定：

一、征税起点在一两以上者必须缴纳银两，一两以下听民自便。乾隆年间（公元 1736 ~ 1795 年），朝廷曾将征税收银

---

[97] 叶世昌：《中国金融通史》，第 438 页，转引：《讲求财用疏》《明经世文编》卷二九九。
[98] 叶世昌：《中国金融通史》，第 438 页，转引：《顾亭林诗文集》《钱粮论下》。
[99] 叶世昌：《中国金融通史》，第 439 页，转引：《续通鉴论卷》二〇《太宗》一二。

的起点降低到一钱。

二、银两与铜钱的比价，法定为银一两兑换铜钱一千文。完纳钱粮时，凡小户零星、大户尾欠，纳粮时每银一分收铜钱十文。

三、朝廷规定纹银的标准成色。

四、朝廷会计皆用银两核算。

此时，不仅朝廷收税要银两，大额支付也要银两，通商贸易多以银两计价，银两已经成为法定的本位币，铜钱已经成为银两的辅币。清末，银元虽然发展较快，银两的本位币地位却更进一步加强。直到民国时期公元1933年废两改元，银两货币制度才告结束。

# 附　录

## 一、货币流通分期年表

年表1：战国时期秦国、秦朝、汉初期（半两钱出现及流通时期）

（1）战国时期秦国（公元前403年至公元前221年，历11王，共182年）

| | |
|---|---|
| 秦简公 | 公元前403年至公元前400年 |
| 秦惠公 | 公元前399年至公元前387年 |
| 出子 | 公元前386年至公元前385年 |
| 秦献公 | 公元前384年至公元前362年 |
| 秦孝公 | 公元前361年至公元前338年 |
| 秦惠文王 | 公元前337年至公元前311年 |
| 秦武王 | 公元前310年至公元前307年 |
| 秦昭襄王 | 公元前306年至公元前250年 |
| 秦孝文王 | 公元前250年至公元前250年 |
| 秦庄襄王 | 公元前249年至公元前247年 |
| 秦王政 | 公元前246年至公元前221年 |

（2）秦朝（公元前221年至公元前206年，历二帝，共15年）

| | | |
|---|---|---|
| 秦始皇 | 嬴政 | 公元前221年至公元前210年 |
| 秦二世 | 胡亥 | 公元前209年至公元前206年 |

（3）汉初期（公元前206年至公元前113年，历5帝1后，共93年）

| 高帝 | 刘邦 | 公元前 206 年至公元前 195 年 |
| 惠帝 | 刘盈 | 公元前 194 年至公元前 188 年 |
| 吕后 | 吕雉 | 公元前 187 年至公元前 180 年 |
| 文帝 | 刘恒 | 公元前 179 年至公元前 157 年 |
| 景帝 | 刘启 | 公元前 156 年至公元前 141 年 |
| 武帝前期 | 刘彻 | 公元前 140 年至公元前 113 年 |

武帝前期年号：

| 建元 | 公元前 140 年至公元前 135 年 |
| 元光 | 公元前 134 年至公元前 129 年 |
| 元朔 | 公元前 128 年至公元前 123 年 |
| 元狩 | 公元前 122 年至公元前 117 年 |
| 元鼎 | 公元前 116 年至公元前 113 年 |

（注：秦简公公元前 415 年立。本表时间自战国开始，即公元前 403 年起。）

年表 2：汉初至唐初（五铢钱流通时期）

（1）西汉中、后期（公元前 113 年至公元 25 年，历 8 帝及王莽等政权，共 138 年）

| 武帝后期 | 公元前 113 年至公元前 111 年 | （元鼎） |
| | 公元前 110 年至公元前 105 年 | （元封） |
| | 公元前 104 年至公元前 101 年 | （太初） |
| | 公元前 100 年至公元前 97 年 | （天汉） |
| | 公元前 96 年至公元前 93 年 | （太始） |
| | 公元前 92 年至公元前 89 年 | （征和） |

公元前 88 年至公元前 87 年（后元）

昭帝　刘弗陵　公元前 86 年至公元前 74 年（始元、元凤、
　　　　　　　元平）

宣帝　刘询　公元前 73 年至公元前 49 年（本始、地节、
　　　　　　元康、神爵、五凤、甘露、黄龙）

元帝　刘奭　公元前 48 年至公元前 33 年（初元、永光、
　　　　　　建昭、竟宁）

成帝　刘骜　公元前 32 年至公元前 7 年（建始、河平、
　　　　　　阳朔、鸿嘉、永始、元延、绥和）

哀帝　刘欣　公元前 6 年至公元前 1 年（建平、太初、
　　　　　　元将、元寿）

平帝　刘衎　公元 1 年至公元 5 年　　　　（元始）

儒子　刘婴　公元 6 年至公元 8 年　　　　（居摄、初始）

　　　王莽　公元 9 年至公元 13 年　　　　（始建国）

　　　　　公元 14 年至公元 19 年　　　　（天凤）

　　　　　公元 20 年至公元 23 年　　　　（地皇）

更始帝　刘玄　公元 23 年至公元 25 年　　　（更始）

　　　隗嚣　公元 23 年至公元 34 年　　　（汉复）

　　　公孙述　公元 25 年至公元 36 年　　　（龙兴）

　　　刘盆子　公元 25 年至公元 27 年　　　（建世）

(2) 东汉（公元 25 年至公元 220 年，历 12 帝，共 195 年）

光武帝　刘秀　公元 25 年至公元 57 年　　　（建武、建武
　　　　　　　中元）

明帝　刘庄　公元 58 年至公元 75 年　　　　（永平）

| 章帝 | 刘炟 | 公元76年至公元88年 | （建初、元和、章和） |
| 和帝 | 刘肇 | 公元89年至公元105年 | （永元、元兴） |
| 殇帝 | 刘隆 | 公元106年至公元106年 | （延平） |
| 安帝 | 刘祜 | 公元107年至公元125年 | （永初、元初、永宁、建光、延光） |
| 顺帝 | 刘保 | 公元126年至公元144年 | （永建、阳嘉、永和、汉安、建康） |
| 冲帝 | 刘炳 | 公元145年至公元145年 | （永憙） |
| 质帝 | 刘缵 | 公元146年至公元146年 | （本初） |
| 桓帝 | 刘志 | 公元147年至公元167年 | （建和、和平、元嘉、永兴、永寿、延熹、永康） |
| 灵帝 | 刘宏 | 公元168年至公元189年 | （建宁、熹平、光和、中平） |
| 少帝 | 刘辩 | 公元189年至公元189年 | （光熹、昭宁） |
| 献帝 | 刘协 | 公元189年至公元220年 | （初平、兴平、建安、延康） |

（3）三国、两晋（公元220年至公元420年，共200年）

魏（公元220年至公元265年，历5帝，共45年）

| 文帝 | 曹丕 | 公元220年至公元226年 | （黄初） |
| 明帝 | 曹叡 | 公元227年至公元239年 | （太和、青龙、景初） |
| 齐王 | 曹芳 | 公元240年至公元254年 | （正始、嘉平） |
| 高贵乡公 | 曹髦 | 公元254年至公元260年 | （正元、甘露） |
| 元帝 | 曹奂 | 公元260年至公元265年 | （景元、咸熙） |

蜀（公元221年至公元263年，历2帝，共42年）

昭烈帝　刘备　　公元221年至公元223年（章武）

后主　　刘禅　　公元223年至公元263年（建兴、延熙、景耀、
　　　　　　　　　　炎兴）

吴（公元222年至公元280年，历4帝，共58年）

大帝　　孙权　　公元222年至公元252年（黄武、黄龙、嘉禾、
　　　　　　　　　　赤乌、太元、神凤）

会稽王　孙亮　　公元252年至公元258年（建兴、五凤、太平）

景帝　　孙休　　公元258年至公元264年（永安）

乌程侯　孙皓　　公元264年至公元280年（元兴、甘露、宝鼎、
　　　　　　　　　　建衡、凤凰、天册、天玺、天纪）

西晋（公元265年至公元317年，历4帝，共52年）

武帝　　司马炎　公元265年至公元290年（泰始、咸宁、太康、
　　　　　　　　　　太熙）

惠帝　　司马衷　公元290年至公元306年（永熙、永平、元康、
　　　　　　　　　　永康、永宁、太安、永安、建武、永兴、光熙）

怀帝　　司马炽　公元307年至公元313年（永嘉）

愍帝　　司马邺　公元313年至公元317年（建兴）

东晋（公元317年至公元420年，历11帝，共103年）

元帝　　司马睿　公元317年至公元323年（建武、大兴、永昌）

明帝　　司马绍　公元323年至公元326年（太宁）

成帝　　司马衍　公元326年至公元342年（咸和、咸康）

康帝　　司马岳　公元343年至公元344年（建元）

穆帝　　司马聃　公元345年至公元361年（永和、升平）

哀帝　司马丕　公元 362 年至公元 365 年（隆和、兴宁）

海西公 司马奕　公元 366 年至公元 371 年（太和）

简文帝 司马昱　公元 371 年至公元 372 年（咸安）

孝武帝 司马曜　公元 373 年至公元 396 年（宁康、太元）

安帝 司马德宗　公元 397 年至公元 418 年（隆安、元兴、大亨、
　　　　　　　　义熙）

恭帝 司马德文　公元 419 年至公元 420 年（元熙）

（4）南北朝（公元 420 年至公元 589 年，共 169 年）

宋（公元 420 年至公元 479 年，历 8 帝，共 59 年）

武帝　　刘裕　　公元 420 年至公元 422 年（永初）

少帝　　刘义符　公元 423 年至公元 424 年（景平）

文帝　　刘义隆　公元 424 年至公元 453 年（元嘉）

孝武帝 刘骏　　公元 454 年至公元 464 年（孝建、大明）

前废帝 刘子业　公元 465 年至公元 465 年（永光、景和）

明帝　　刘彧　　公元 465 年至公元 472 年（泰始、泰豫）

后废帝 刘昱　　公元 473 年至公元 477 年（元徽）

顺帝　　刘准　　公元 477 年至公元 479 年（昇明）

齐（公元 479 年至公元 502 年，历 7 帝，共 23 年）

高帝　　萧道成　公元 479 年至公元 482 年（建元）

武帝　　萧赜　　公元 483 年至公元 493 年（永明）

鬱林王 萧昭业　公元 494 年至公元 494 年（隆昌）

海陵王 萧昭文　公元 494 年至公元 494 年（延兴）

明帝　　萧鸾　　公元 494 年至公元 498 年（建武、永泰）

东昏侯 萧宝卷　公元 499 年至公元 501 年（永元）

和帝　　　萧宝融　公元 501 年至公元 502 年（中兴）

梁（公元 502 年至公元 557 年，历 6 帝，共 55 年）

武帝　　　萧衍　　公元 502 年至公元 549 年（天监、普通、
　　　　　　　　　　　大通、中大通、大同、中大同、太清）

简文帝　　萧纲　　公元 550 年至公元 551 年（大宝）

豫章王　　萧栋　　公元 551 年至公元 551 年（天正）

元帝　　　萧绎　　公元 552 年至公元 555 年（承圣）

贞阳侯　　萧渊明　公元 555 年至公元 555 年（天成）

敬帝　　　萧方智　公元 555 年至公元 557 年（绍泰、太平）

陈（公元 557 年至公元 589 年，历 5 帝，共 32 年）

武帝　　　陈霸先　公元 557 年至公元 559 年（永定）

文帝　　　陈蒨　　公元 560 年至公元 566 年（天嘉、天康）

废帝　　　陈伯宗　公元 567 年至公元 568 年（光大）

宣帝　　　陈顼　　公元 569 年至公元 582 年（太建）

后主　　　陈叔宝　公元 583 年至公元 589 年（至德、祯明）

北魏（公元 386 年，拓跋珪称王，国号魏，史称北魏。公元
493 年，孝文帝拓跋宏迁都洛阳，改姓元，自名元宏。公元 534 年，
北魏分裂为东魏和西魏。北魏历 14 帝，共 148 年）

道武帝　　拓跋珪　公元 386 年至公元 409 年（登国、皇始、
　　　　　　　　　　　天兴、天赐）

明元帝　　拓跋嗣　公元 409 年至公元 423 年（永兴、神瑞、
　　　　　　　　　　　泰常）

太武帝　　拓跋焘　公元 424 年至公元 452 年（始光、神麚、
　　　　　　　　　　　延和、太延、太平真君、正平）

南安王　　拓跋余　　公元 452 年至公元 452 年（承平）

文成帝　　拓跋濬　　公元 452 年至公元 465 年（兴安、兴光、
　　　　　　　　　　　太安、和平）

献文帝　　拓跋弘　　公元 466 年至公元 471 年（天安、皇兴）

孝文帝　　元宏　　　公元 471 年至公元 499 年（延兴、承明、
　　　　　　　　　　　太和）

宣武帝　　元恪　　　公元 500 年至公元 515 年（景明、正始、
　　　　　　　　　　　永平、延昌）

孝明帝　　元诩　　　公元 516 年至公元 528 年（熙平、神龟、
　　　　　　　　　　　正光、孝昌、武泰）

孝庄帝　　元子攸　　公元 528 年至公元 530 年（建义、永安）

长广王　　元晔　　　公元 530 年至公元 531 年（建明）

节闵帝　　元恭　　　公元 531 年至公元 531 年（普泰）

安定王　　元朗　　　公元 531 年至公元 532 年（中兴）

孝武帝　　元脩　　　公元 532 年至公元 534 年（太昌、永兴、
　　　　　　　　　　　永熙）

东魏（公元 534 年，高欢胁迫北魏孝武帝元修逃关中，另立
元善见为帝，迁都邺，史称东魏，公元 550 年转为北齐，历 1 帝，
共 17 年）

孝静帝　　元善见　　公元 534 年至公元 550 年（天平、元象、
　　　　　　　　　　　兴和、武定）

北齐（公元 550 年，高欢子高洋代东魏称帝，史称北齐，公
元 577 年被北周击灭。北齐历 6 帝，共 27 年）

文宣帝　　高洋　　　公元 550 年至公元 559 年（天保）

废帝　　　高殷　　公元560年至公元560年（乾明）

孝昭帝　　高演　　公元560年至公元561年（皇建）

武成帝　　高湛　　公元561年至公元565年（太宁、河清）

后主　　　高纬　　公元565年至公元576年（天统、武平、
　　　　　　　　　　隆化）

安德王　　高延宗　公元576年至公元576年（德昌）

幼主　　　高恒　　公元577年至公元577年（承光）

西魏（公元534年，宇文泰杀元修，立元宝炬为帝，史称西魏，公元557年转为北周。西魏历3帝，共23年）

文帝　　　元宝炬　公元535年至公元551年（大统）

废帝　　　元宝钦　公元551年至公元554年（无年号）

恭帝　　　元宝廓　公元554年至公元557年（无年号）

北周（公元557年，宇文泰子宇文觉代魏称帝，史称北周，公元581年转为隋。北周历5帝，共24年）

孝闵帝　　宇文觉　公元557年至公元558年（无年号）

明帝　　　宇文毓　公元559年至公元560年（武成、武定）

武帝　　　宇文邕　公元561年至公元578年（保定、天和、
　　　　　　　　　　建德、宣政）

宣帝　　　宇文赟　公元579年至公元579年（大成）

静帝　　　宇文阐　公元579年至公元581年（大象、大定）

（5）隋、唐初期（公元581年至公元621年，共40年）

隋（公元581年，杨坚代北周称帝，国号隋，公元618年灭亡。隋历2帝，共37年）

文帝　　　杨坚　　公元581年至公元604年（开皇、仁寿）

炀帝　　　杨广　　　公元605年至公元618年（大业）

唐初期（公元618年，李渊称帝，国号唐。公元621年，唐高祖李渊铸行开元通宝，五铢钱流通从此结束。此期间历1帝，共3年）

高祖前期　李渊　　　公元618年至公元621年（武德）


年表3：唐中、后期、五代（开元通宝流通时期）

（1）唐中、后期　（公元621年至公元907年，共历20帝，286年）

高祖后期　李渊　　　公元621年至公元626年（武德）

太宗　　　李世民　　公元627年至公元649年（贞观）

高宗　　　李治　　　公元650年至公元683年（永徽、显庆、龙朔、麟德、乾封、总章、咸亨、上元、仪凤、调露、永隆、开耀、永淳、弘道）

中宗　　　李显　　　公元684年至公元684年（嗣圣：正月至二月）

睿宗　　　李旦　　　公元684年至公元684年（文明：二月至八月）

则天后　　武曌　　　公元684年至公元690年（光宅、垂拱、永昌、载初）

则天后　　武曌　　　公元690年至公元707年（改国号为周：天授、如意、长寿、延载、证圣、天册万岁、万岁登封、万岁通天、神功、圣历、久视、大足、长安、神龙）

中宗　李显　　公元707年至公元710年（后国号为唐：景龙）

殇帝　李重茂　公元710年至公元710年（唐隆：六月至七月）

睿宗　李旦　　公元710年至公元712年（景云、太极、延和）

玄宗　李隆基　公元712年至公元756年（先天、开元、天宝）

肃宗　李亨　　公元756年至公元763年（至德、乾元、上元、宝应）

代宗　李豫　　公元763年至公元779年（广德、永泰、大历）

德宗　李适　　公元780年至公元805年（建中、兴元、贞元）

顺宗　李诵　　公元805年至公元805年（永贞）

宪宗　李纯　　公元806年至公元820年（元和）

穆宗　李恒　　公元821年至公元824年（长庆）

敬宗　李湛　　公元825年至公元827年（宝历）

文宗　李昂　　公元827年至公元840年（大和、开成）

武宗　李炎　　公元841年至公元846年（会昌）

宣宗　李忱　　公元847年至公元860年（大中）

懿宗　李漼　　公元860年至公元874年（咸通）

僖宗　李儇　　公元874年至公元888年（乾符、广明、中和、光启、文德）

昭宗　李晔　　公元889年至公元907年（龙纪、大顺、景福、乾宁、光化、天复、天祐）

（2）五代（公元907年至公元960年，共57年）

后梁（公元907年至公元923年，历3帝，共17年）

太祖　朱温　　公元907年至公元913年（开平、乾化）

郢王　朱友珪　公元913年至公元913年（凤历：正月至二月）

末帝　朱友瑱　公元913年至公元923年（乾化、贞明、龙德）

后唐（公元923年至公元936年，历4帝，共14年）

庄宗　李存勖　公元923年至公元926年（同光）

明宗　李亶　公元926年至公元933年（天成、长兴）

闵帝　李从厚　公元934年至公元934年（应顺：正月至四月）

末帝　李从珂　公元934年至公元936年（清泰）

后晋（公元936年至公元946年，历2帝，共11年）

高祖　石敬瑭　公元936年至公元944年（天福）

出帝　石重贵　公元944年至公元946年（开运）

后汉（公元947年至公元950年，历2帝，共4年）

高祖　刘知远　公元947年至公元948年（天福、乾祐）

隐帝　刘承祐　公元948年至公元950年（乾祐）

后周（公元951年至公元960年，历3帝，共9年）

太祖　郭威　公元951年至公元954年（广顺）

世宗　柴荣　公元954年至公元959年（显德）

恭帝　柴宗训　公元959年至公元960年（显德）


年表4：宋（年号钱流通时期）

（1）北宋（公元960年至公元1125年，历9帝，共165年）

太祖　赵匡胤　公元960年至公元976年（建隆、乾德、开宝）

太宗　赵光义　公元976年至公元997年（太平兴国、雍熙、
　　　　　　　端拱、淳化、至道）

真宗　赵恒　公元998年至公元1022年（咸平、景德、大中、
　　　　　　　祥符、天禧、乾兴）

仁宗　赵祯　　公元 1023 年至公元 1063 年（天圣、明道、景祐、
　　　　　　　宝元、康定、庆历、皇祐、至和、嘉祐）

英宗　赵曙　　公元 1064 年至公元 1067 年（治平）

神宗　赵顼　　公元 1068 年至公元 1085 年（熙宁、元丰）

哲宗　赵煦　　公元 1086 年至公元 1100 年（元祐、绍圣、元符）

徽宗　赵佶　　公元 1101 年至公元 1125 年（建中靖国、崇宁、
　　　　　　　大观、政和、重和、宣和）

钦宗　赵桓　　公元 1126 年至公元 1127 年（靖康）

（2）南宋（公元 1127 年至公元 1279 年，历 9 帝，共 152 年）

高宗　赵构　　公元 1127 年至公元 1162 年（建炎、绍兴）

孝宗　赵昚　　公元 1163 年至公元 1189 年（隆兴、乾道、
　　　　　　　淳熙）

光宗　赵惇　　公元 1190 年至公元 1194 年（绍熙）

宁宗　赵扩　　公元 1195 年至公元 1224 年（庆元、嘉泰、
　　　　　　　开禧、嘉定）

理宗　赵昀　　公元 1225 年至公元 1264 年（宝庆、绍定、
　　　　　　　端平、嘉熙、淳祐、宝祐、开庆、景定）

度宗　赵禥　　公元 1265 年至公元 1274 年（咸淳）

恭帝　赵㬎　　公元 1275 年至公元 1276 年（德祐）

端宗　赵昰　　公元 1276 年至公元 1278 年（景炎）

末帝　赵昺　　公元 1278 年至公元 1279 年（祥兴）


年表 5：元（单一纸币流通时期）

元（公元 1271 年至公元 1368 年，历 9 帝，共 97 年）

世祖　　忽必烈　　　公元 1260 年至公元 1294 年（中统、至元）

成宗　　铁穆耳　　　公元 1295 年至公元 1307 年（元贞、大德）

武宗　　海山　　　　公元 1308 年至公元 1311 年（至大）

仁宗　　爱育黎　　　公元 1312 年至公元 1320 年（皇庆、延祐）

英宗　　硕德八刺　　公元 1321 年至公元 1323 年（至治）

泰定帝　也孙　　　　公元 1324 年至公元 1328 年（泰定、致和）

天顺帝　阿速吉八　　公元 1328 年至公元 1328 年（天顺）

文宗　　图帖睦尔　　公元 1328 年至公元 1333 年（天历、至顺）

顺帝　　妥懽　　　　公元 1333 年至公元 1370 年（元统、至元、

　　　　　　　　　　　　　　　　　　　　　　　　至正）

注：元世祖忽必烈公元 1260 年为大汗，建元中统，至元年间公元 1271
年定国号为大元。仁宗爱育黎的全名是爱育黎拔力八达。泰定帝也孙的全名
是也孙铁木儿。惠宗妥懽的全名是妥懽帖睦尔。公元 1368 年惠宗元顺帝妥
懽帖睦尔退出大都，北走塞外，元朝结束。


年表 6：明、清（制钱流通时期）

（1）明（公元 1368 年至公元 1644 年，历 17 帝，共 276 年）

太祖　　朱元璋　　　公元 1368 年至公元 1398 年（洪武）

惠帝　　朱允炆　　　公元 1399 年至公元 1402 年（建文）

成祖　　朱棣　　　　公元 1403 年至公元 1424 年（永乐）

仁宗　　朱高炽　　　公元 1425 年　　　　　　　　（洪熙）

宣宗　　朱瞻基　　　公元 1426 年至公元 1435 年（宣德）

英宗　　朱祁镇　　　公元 1436 年至公元 1449 年（正统）

代宗　　朱祁钰　　　公元 1450 年至公元 1456 年（景泰）

英宗　朱祈镇　　公元 1457 年至公元 1464 年（天顺）

宪宗　朱见深　　公元 1465 年至公元 1487 年（成化）

孝宗　朱祐樘　　公元 1488 年至公元 1505 年（弘治）

武宗　朱厚照　　公元 1506 年至公元 1521 年（正德）

世宗　朱厚熜　　公元 1522 年至公元 1566 年（嘉靖）

穆宗　朱载垕　　公元 1567 年至公元 1572 年（隆庆）

神宗　朱翊钧　　公元 1573 年至公元 1620 年（万历）

光宗　朱常洛　　公元 1620 年　　　　　　　　（泰昌）

熹宗　朱由校　　公元 1621 年至公元 1627 年（天启）

思宗　朱由检　　公元 1628 年至公元 1644 年（崇祯）

（2）清（公元 1644 年至公元 1911 年，历 12 帝，共 267 年）

太祖　努尔哈赤　公元 1616 年至公元 1626 年（天命）

太宗　皇太极　　公元 1627 年至公元 1643 年（天聪、崇德）

世祖　福临　　　公元 1644 年至公元 1661 年（顺治）

圣祖　玄烨　　　公元 1662 年至公元 1722 年（康熙）

世宗　胤禛　　　公元 1723 年至公元 1735 年（雍正）

高宗　弘历　　　公元 1736 年至公元 1795 年（乾隆）

仁宗　颙琰　　　公元 1796 年至公元 1820 年（嘉庆）

宣宗　旻宁　　　公元 1821 年至公元 1850 年（道光）

文宗　奕詝　　　公元 1851 年至公元 1861 年（咸丰）

穆宗　载淳　　　公元 1861 年至公元 1874 年（祺祥、同治）

德宗　载湉　　　公元 1875 年至公元 1908 年（光绪）

　　　溥仪　　　公元 1909 年至公元 1911 年（宣统）

# 二、货币法史大事记

## 1. 半两钱大事记

| 王朝纪年 | 公元前 | 大事纪要 |
|---|---|---|
| 秦献公七年 | 378 年 | 秦"初行为市"。 |
| 秦孝公元年 | 361 年 | 卫鞅入秦。 |
| 秦孝公十二年 | 350 年 | 卫鞅统一秦国度量衡。 |
| 秦孝公十四年 | 348 年 | 秦"初为赋"。 |
| 秦惠文王二年 | 336 年 | 秦"初行钱"。 |
| 秦王政二十六年 | 221 年 | 秦统一中国。秦王政改称"始皇帝"。统一度量衡。废止各诸侯国货币，将战国晚期秦国的以半两钱为核心的货币体系推广到全国使用。 |
| 秦二世元年 | 209 年 | 秦"复行钱"。陈胜、吴广起义。 |
| 汉高帝元年 | 206 年 | 秦亡。刘邦为汉王。楚汉战争开始。 |
| 汉高帝二年 | 205 年 | "更令民铸钱，一黄金一斤"。 |
| 汉高帝五年 | 202 年 | 楚汉战争结束。刘邦即皇帝位。 |
| 汉高帝八年 | 199 年 | 禁私铸。 |
| 高皇后二年 | 186 年 | "行八铢钱"。 |
| 高皇后六年 | 182 年 | "行五分钱"。 |
| 汉文帝前五年 | 175 年 | "令民纵得自铸钱"。 |
| 汉景帝三年 | 154 年 | 吴、楚之乱，当年被平定。 |
| 汉景帝中六年 | 144 年 | "定铸钱伪黄金者弃市律"。 |
| 汉景帝后元三年 | 141 年 | 刘彻即位，是为汉武帝。 |

| 王朝纪年 | 公元前 | 大事纪要 |
|---|---|---|
| 汉武帝元光六年 | 129 年 | 汉匈战争开始。 |
| 汉武帝元狩四年 | 119 年 | 造皮币、白金三品；更铸三铢钱，汉匈战争决战。盐铁官营。颁布算缗令。 |
| 汉武帝元狩五年 | 118 年 | "更请诸郡国铸五铢钱"。 |
| 汉武帝元狩六年 | 117 年 | 杨可告缗。 |
| 汉武帝元鼎元年 | 116 年 | "请令京师铸钟官赤侧，一当五"。 |
| 汉武帝元鼎二年 | 115 年 | "白金终废不行"。张汤自杀。桑弘羊创立均输法。 |
| 汉武帝元鼎四年 | 113 年 | "悉禁郡国无铸钱，专令上林三官铸"。"令天下非三官钱不得行。诸郡国所前铸钱皆废销之"。上林三官五铢货币体系被确立。 |

注：

自秦惠文王二年（公元前 336 年）"初行钱"，至汉武帝元鼎四年（公元前 113 年）彻底退出流通领域，半两钱共计流通了 223 年。

自秦惠文王二年（公元前 336 年）"初行钱"，至秦王政二十六年（公元前 221 年）统一全国币制，半两钱在战国时期的秦国国内流通了 115 年。

自秦王政二十六年（公元前 221 年）统一全国币制，至汉武帝元狩四年（公元前 119 年）更铸三铢钱，半两钱作为全国统一、唯一流通的铜钱，流通了 102 年。

自秦王政二十六年（公元前 221 年）统一全国币制，至汉武帝元鼎四年（公元前 113 年）令天下非三官钱不得行，半两钱最终退出流通领域，半两钱作为全国统一流通的铜钱，流通了 108 年。

自汉武帝元狩四年（公元前 119 年）令县官更铸三铢钱，至汉武帝元鼎四年（公元前 113 年）半两钱最终退出流通领域，半两钱伴随三铢钱、郡国五铢钱、赤侧五铢钱，继续混合流通了 6 年。

附录

2. 五铢钱大事记

### (1) 西汉中、后期（包括新莽、更始等）

| 王朝纪年 | 公元前 | 大事纪要 |
|---|---|---|
| 汉武帝元封元年 | 前110年 | 实行平准。 |
| 汉武帝天汉三年 | 前98年 | 实行酒榷。 |
| 汉武帝征和四年 | 前89年 | 汉武帝轮台罪己。 |
| 汉武帝后元二年 | 前87年 | 汉武帝崩于五柞宫。 |
| 汉昭帝始元六年 | 前81年 | 盐铁会议。 |
| 汉昭帝元凤元年 | 前80年 | 桑弘羊被杀。 |
| 汉宣帝本始元年 | 前73年 | 始铸"宣帝五铢"钱。 |
| 居摄二年 | 7年 | 造"大钱五十"、"契刀"、"错刀"，与五铢钱凡四品，并行。 |
| 居摄三年 | 8年 | 王莽即天子位，做真皇帝，国号新。 |
| 始建国元年 | 9年 | 废止五铢钱、契刀、错刀，行"小泉"，与"大泉五十"并行。更名天下田曰"王田"，奴婢曰"私属"，皆不得买卖。 |
| 始建国二年 | 10年 | 设五均、六莞。行"宝货制"，共五物、六名、二十八品。 |
| 天凤元年 | 14年 | 罢大、小钱，行"货泉"、"货布"钱。 |
| 地皇四年 | 23年 | 起义军攻入长安，斩杀王莽于渐台。刘玄称帝，建立更始。 |
| 更始二年 | 24年 | 更始政权铸行五铢钱。 |

### (2) 东汉、三国、两晋

| 王朝纪年 | 公元前 | 大事纪要 |
|---|---|---|
| 汉光武帝建武元年 | 25年 | 刘秀称帝，改元建武，是为汉光武帝，东汉政权建立。 |
| 汉武帝建武十六年 | 40年 | 铸行"建武五铢"钱。 |

| 王朝纪年 | 公元前 | 大事纪要 |
|---|---|---|
| 汉灵帝中平三年 | 186 年 | 铸行"四出五铢"钱。 |
| 汉献帝初平元年 | 190 年 | 董卓废五铢钱更铸小钱。 |
| 汉献帝建安十三年 | 208 年 | 曹操废董卓小钱,还用五铢钱。 |
| 汉献帝建安十九年 | 214 年 | 刘备铸行"直百钱"。 |
| 魏文帝黄初二年 | 221 年 | 曹丕初复五铢钱。当年又罢五铢钱,令百姓以谷帛为市。 |
| 吴大帝嘉禾五年 | 236 年 | 东吴铸行"大泉五百"钱。 |
| 吴大帝赤乌元年 | 238 年 | 东吴铸行"大泉当千"钱。 |
| 魏明帝太和元年 | 227 年 | 曹魏复行五铢钱。 |
| 两晋时期 | 265 ~ 420 年 | 朝廷一直没有铸行新钱,在流通中主要沿用汉、魏五铢钱及各种古钱,许多地区的商品交换转向以物易物的交换方式或以谷帛为币。 |
| 晋愍帝建兴元年 | 313 年 | 凉州刺史张轨恢复五铢钱流通。 |
| 晋元帝大兴二年 | 319 年 | 北方后赵政权铸行"丰货"钱。 |
| 晋明帝太宁元年 | 323 年 | 沈充铸钱,俗称沈郎钱。 |
| 晋成帝咸康四年 | 338 年 | 北方成汉政权铸行"汉兴"钱。 |
| 大夏真兴元年 | 419 年 | 北方大夏政权铸行"大夏真兴"钱。 |

## (3) 南北朝、隋、唐初期

| 王朝纪年 | 公元前 | 大事纪要 |
|---|---|---|
| 宋文帝元嘉七年 | 430 年 | 刘宋王朝立钱署,铸四铢钱。 |
| 宋孝武帝孝建元年 | 454 年 | 刘宋王朝更铸四铢钱,即"孝建四铢"钱。 |
| 宋前废帝景和元年 | 465 年 | 刘宋王朝铸行二铢钱。当年沈庆之启通私铸,钱货乱败。 |
| 齐武帝永明八年 | 490 年 | 南齐王朝在西汉邓通铸钱旧址铸造铜钱千余万。 |

附录

| 王朝纪年 | 公元前 | 大事纪要 |
|---|---|---|
| 北魏孝文帝太和十九年 | 495 年 | 北魏王朝铸行"太和五铢"钱。 |
| 梁武帝天监元年 | 502 年 | 萧梁王朝铸行"天监五铢"钱。 |
| 北魏宣武帝永平三年 | 510 年 | 北魏王朝铸行"永平五铢"钱。 |
| 梁武帝普通四年 | 523 年 | 萧梁王朝更铸"五铢铁钱"。人以铁贱易得,并皆私铸。 |
| 北魏孝庄帝永安二年 | 529 年 | 北魏王朝铸行"永安五铢"钱。 |
| 北齐文宣帝天保四年 | 553 年 | 北齐王朝铸行"常平五铢"钱。 |
| 梁元帝承圣年间 | 553～555 年 | 萧梁王朝铸行"二柱五铢"钱。 |
| 梁敬帝太平二年 | 557 年 | 萧梁王朝铸行"四柱五铢"钱。 |
| 北周武帝保定元年 | 561 年 | 北周王朝铸行"布泉"钱。 |
| 陈文帝天嘉三年 | 562 年 | 陈王朝铸行五铢钱。 |
| 北周武帝建德三年 | 574 年 | 北周王朝铸行"五行大布"钱。 |
| 北周孝静大象元年 | 579 年 | 北周王朝铸行"永通万国"钱。 |
| 陈宣帝太建十一年 | 579 年 | 陈王朝铸行"太货五铢"钱。 |
| 隋文帝开皇元年 | 581 年 | 隋王朝铸行"开皇五铢"钱。 |
| 隋炀帝大业年间 | 605～618 年 | 隋王朝铸行"五铢白钱"。 |
| 唐高祖武德四年 | 621 年 | 唐王朝铸行"开元通宝"钱。五铢钱制度终结。 |

### 3. 开元通宝大事记

| 王朝纪年 | 公元前 | 大事纪要 |
|---|---|---|
| 唐高祖武德四年 | 621 年 | 唐王朝铸行"开元通宝"钱。 |

| 王朝纪年 | 公元前 | 大事纪要 |
|---|---|---|
| 唐太宗贞观年间 | 627～649年 | 唐朝军队四方征伐，远戎宾服，百国来朝。伊、洛以东，暨乎海岱，苍茫千里，人烟断绝，鸡犬不闻，商品经济颓废。 |
| 唐高宗显庆五年 | 660年 | 敕以恶钱转多，令所在官私为市取，以五恶钱酬一好钱。 |
| 唐高宗乾封元年 | 666年 | 改造新钱，文曰乾封泉宝，一文当旧钱之十。 |
| 唐高宗乾封二年 | 667年 | 废弃乾封泉宝钱，恢复开元通宝钱的铸造和流通。 |
| 唐玄宗天宝十四年 | 755年 | 安禄山在范阳发动叛乱，南下攻陷洛阳。 |
| 唐玄宗天宝十五年 | 756年 | 唐玄宗奔蜀，太子李亨至灵武即位，是为唐肃宗，遥尊唐玄宗为太上皇。 |
| 唐肃宗乾元元年 | 758年 | 唐王朝铸行乾元重宝钱，与开元通宝掺用，以一当十。 |
| 唐肃宗乾元二年 | 759年 | 唐王朝铸行乾元重宝重棱钱，以一当五十。史思明铸行"得壹元宝"钱。 |
| 唐肃宗上元元年 | 760年 | 减重棱钱以一当三十，开元旧钱与乾元十当钱，皆以一当十，由是钱有虚实之名。 |
| 唐肃宗宝应元年 | 762年 | 唐王朝降低虚币大钱法定兑换率。 |
| 唐代宗广德元年 | 763年 | 安史之乱结束。吐蕃攻占长安十余日。 |
| 唐代宗大历七年 | 772年 | 唐王朝禁止百姓铸造铜器。 |
| 唐德宗建中元年 | 780年 | 实行两税法，爆发钱荒。 |
| 唐德宗贞元元年 | 785年 | 唐王朝禁止百姓挟钱出境。 |
| 唐德宗贞元九年 | 793年 | 唐王朝开放铜矿山，允许百姓开采。 |
| 唐宪宗元和三年 | 808年 | 唐王朝禁止百姓蓄钱。 |
| 唐穆宗长庆元年 | 821年 | 唐王朝废黜"以钱计税"的方法。 |
| 唐昭宗天祐四年 | 907年 | 朱温代唐称帝，唐朝灭亡。 |

## 4. 年号钱大事记

### （1）北宋

| 王朝纪年 | 公元前 | 大事纪要 |
|---|---|---|
| 宋太祖建隆元年 | 960 年 | 赵匡胤代周称帝，建立宋朝。铸行"宋元通宝"钱。 |
| 宋太祖建隆三年 | 962 年 | 敕令挟十贯以上铜钱出境者处死。 |
| 宋太祖开宝元年 | 968 年 | 诏令挟五贯以上铜钱出境者处死。 |
| 宋太祖开宝九年 | 976 年 | 宋太宗即位，诏令禁止百姓开矿采铜。令铸行"太平通宝"钱。 |
| 宋太宗淳化元年 | 990 年 | 铸行"淳化通宝"钱。 |
| 宋太宗淳化二年 | 991 年 | 诏令禁止百姓毁钱铸器，犯者斩。 |
| 宋太宗至道元年 | 995 年 | 铸行"至道通宝"钱。此后，每次改元皆铸行新年号钱，年号钱遂成定制。 |
| 宋真宗天禧三年 | 1019 年 | 诏令禁止百姓挟铜材出境。 |
| 宋仁宗天圣元年 | 1023 年 | 设置交子务，将民间纸币交子收归官营。 |
| 宋仁宗康定元年 | 1040 年 | 宋夏战争爆发，宋军败于三川口。诏令挟一贯以上铜钱出境者处死。始铸当十虚币大钱。 |
| 宋神宗熙宁二年 | 1069 年 | 王安石推行变法。 |
| 宋神宗熙宁四年 | 1071 年 | 大规模铸行折二钱，折二钱遂行于天下。 |
| 宋神宗熙宁七年 | 1074 年 | 王安石取消钱禁，铜钱大量外流。 |
| 宋神宗元丰四年 | 1081 年 | 宋军攻打西夏，大败。 |
| 宋徽宗崇宁元年 | 1102 年 | 蔡京出任宰相，铸行"圣宋通宝"折五钱；"崇宁重宝"折十钱，引发民间大规模盗铸，钱法大乱。 |
| 宋徽宗崇宁二年 | 1103 年 | 铸造虚币大钱使朝廷从民间掠取了大量的钱财。于是，宋军攻打西夏，节节胜利，攻克湟州、鄯州、廓州。 |

中国货币法制史话

| 王朝纪年 | 公元前 | 大事纪要 |
|---|---|---|
| 宋徽宗大观元年 | 1107 年 | 为助军用，发行纸币交子超过限额二十倍，出现纸币信用危机，诏改四川交子为钱引。 |
| 宋徽宗大观四年 | 1110 年 | 诏令禁止百姓占有铜材。 |
| 宋徽宗宣和二年 | 1120 年 | 宋联金攻辽。方腊起义。 |
| 宋徽宗宣和七年 | 1125 年 | 金军擒获辽天祚帝，辽灭。金军南下攻宋，宋徽宗退位。 |
| 宋钦宗靖康二年 | 1127 年 | 宋徽宗、宋钦宗被金军俘虏北去，北宋灭亡。 |

## （2）南宋

| 王朝纪年 | 公元前 | 大事纪要 |
|---|---|---|
| 宋高宗建炎元年 | 1127 年 | 宋高宗即位于南宋应天府，南宋王朝建立。 |
| 宋高宗绍兴五年 | 1135 年 | 对违法毁钱铸器者，实行结保连坐。 |
| 宋高宗绍兴七年 | 1137 年 | 川陕副帅吴玠在河池印行银会子。 |
| 宋高宗绍兴十一年 | 1141 年 | 南宋与金朝订立"绍兴和议"。岳飞被害。 |
| 宋高宗绍兴二十八年 | 1158 年 | 颁布《铜钱出界罪赏》。 |
| 宋高宗绍兴三十年 | 1160 年 | 临安府印制纸币会子，将民间会子收归官营。 |
| 宋孝宗淳熙五年 | 1178 年 | 诏会子以一千万缗为一界。 |
| 宋宁宗庆元年间 | 1195～1200 年 | 颁布《庆元条法事类》。 |
| 宋宁宗开禧二年 | 1206 年 | 韩侂胄北伐金国失败。 |
| 宋理宗绍定五年 | 1232 年 | 会子总量达两亿两千余万缗，二十二倍于每界定额。 |
| 宋理宗端平元年 | 1234 年 | 南宋联蒙灭金，金灭，宋蒙战争爆发。 |

| 王朝纪年 | 公元前 | 大事纪要 |
|---|---|---|
| 宋理宗嘉熙年间 | 1237～<br>1240 年 | 会子达四亿一千余万缗，四十一倍于每界定额，出现严重的通货膨胀。 |
| 宋理宗开庆元年 | 1259 年 | 蒙古大汗蒙哥死于四川。 |
| 宋理宗景定元年 | 1260 年 | 忽必烈即大汗位于开平，国号元，改元中统。宋朝地界会子 20 万文不足买双草鞋，不足供一名战士一日之费。 |
| 宋恭帝德祐二年 | 1276 年 | 宋恭帝上表请降，元军入临安，宋恭帝被元军俘虏北去。 |
| 宋帝昺祥兴二年 | 1279 年 | 宋军兵败崖山，陆秀夫负帝投海，南宋灭亡。 |

## 5. 单一纸币大事记

| 王朝纪年 | 公元前 | 大事纪要 |
|---|---|---|
| 元世祖中统元年 | 1260 年 | 元世祖忽必烈即位大汗，印行"中统宝钞"，禁止金、银、铜钱流通，建立了单一纸币流通制度。 |
| 元世祖中统二年 | 1261 年 | 元朝就实行单一纸币流通制度颁布谕书。 |
| 元世祖至元十九年 | 1282 年 | 元朝颁布《整治钞法条画》，规范单一纸币流通制度。 |
| 元世祖至元二十四年 | 1287 年 | 元朝印行至元宝钞，颁布《至元宝钞通行条画》，至元宝钞与中统宝钞并行流通。 |
| 元武宗至大二年 | 1309 年 | 元朝印行"至大银钞"。 |
| 元武宗至大三年 | 1310 年 | 元朝铸行"至大通宝"钱，实行钱钞兼行。 |
| 元武宗至大四年 | 1311 年 | 元仁宗废黜"至大银钞"和"至大通宝"钱，恢复单一纸币流通制度。 |
| 元顺帝至正十一年 | 1351 年 | 元朝铸行"至正通宝"钱，物价上涨十倍，农民大起义爆发。 |
| 元顺帝至正二十八年 | 1368 年 | 元顺帝北逃。朱元璋军队进入元大都，元朝灭亡。 |

## 6. 制钱大事记

| 王朝纪年 | 公元前 | 大事纪要 |
|---|---|---|
| 明太祖洪武元年 | 1368 年 | 朱元璋称帝，定国号为明，建元洪武，铸行"洪武通宝"钱。凡五等，重如其文。 |
| 明太祖洪武八年 | 1375 年 | 诏令中书省造大明通行宝钞，命民间通行。 |
| 明太祖洪武十三年 | 1380 年 | 杀左丞相胡惟庸，罢中书省。颁布倒钞法。许军民商贾以昏钞纳库易新钞，量收工墨费。 |
| 明宣宗宣德初年 | 1426 年 | 大明通行宝钞通货膨胀严重，米价较洪武十八年上涨二十倍。 |
| 明英宗正统元年 | 1436 年 | 驰用银之禁。朝野率皆用银，其小者乃用钱，惟折官俸用钞。 |
| 明孝宗弘治元年 | 1488 年 | 凡纳赎收税，历代钱、制钱各收其半；无制钱即收旧钱，二以当一。制钱者，国朝钱也。 |
| 明世宗嘉靖年间 | 1522 ～ 1566 年 | 大铸嘉靖钱，而税课抽分诸厂，专收嘉靖钱。 |
| 明熹宗天启元年 | 1621 年 | 兵部尚书请铸当十、当百、当千三等大钱。两京皆铸，钱法大乱。 |
| 明思宗崇祯十七年 | 1644 年 | 李自成大顺军攻入北京，崇祯帝自缢身亡，明朝灭亡。 |
| 清世祖顺治元年 | 1644 年 | 清顺治帝入关，定都北京。清王朝铸行"顺治通宝"钱。每枚重量 1 钱。除明朝崇祯钱可以继续流通之外，禁用旧钱。旧钱上交官府，销熔更铸。 |
| 清世祖顺治二年 | 1645 年 | 改每枚铜钱重量为 1 钱 2 分。 |
| 清世祖顺治八年 | 1651 年 | 改每枚铜钱重量为 1 钱 2 分 5 厘。 |
| 清世祖顺治十年 | 1653 年 | 更定私铸律，为首及匠人罪斩决。 |
| 清世祖顺治十四年 | 1657 年 | 改每枚铜钱重量为 1 钱 4 分。禁止百姓销毁铜钱铸造铜器。 |

附录

| 王朝纪年 | 公元前 | 大事纪要 |
|---|---|---|
| 清宣宗道光二十年 | 1840 年 | 第一次鸦片战争爆发。 |
| 清宣宗道光二十二年 | 1842 年 | 中英《南京条约》，割香港给英国。 |
| 清宣宗道光三十年 | 1850 年 | 洪秀全在广西桂平县金田村起义。 |
| 清文宗咸丰三年 | 1853 年 | 洪秀全太平军攻入南京，建国定都，称为天京。清王朝铸行"咸丰重宝"和"咸丰元宝"，面值当十至当千，凡五等，引发民间大规模盗铸，钱法由此大乱。 |
| 清文宗咸丰十年 | 1860 年 | 第二次鸦片战争爆发。英法联军攻入北京，火烧圆明园。咸丰帝逃奔热河。清王朝废黜各种虚币大钱，只存当十钱继续依法流通，当制钱二。 |
| 清穆宗同治三年 | 1864 年 | 湘军攻入天京，太平天国起义失败。 |
| 清德宗光绪十五年 | 1889 年 | 广东钱局用机器制造制钱，亏损甚巨。 |
| 清德宗光绪二十六年 | 1900 年 | 广东开始铸行铜元，获利可达30%。各省随即开铸。 |
| 清末帝宣统二年 | 1910 年 | 颁布币制。银元为主币，重库平七钱二分，另以五角、二角五分、一角三种银币，及五分镍币，二分、一分、五厘、一厘四种铜币为辅币。圆、角、分、厘各以十进，永为定价。 |
| 清末帝宣统三年 | 1911 年 | 辛亥革命爆发，清朝灭亡。 |

# 三、古今度量衡换算表

1. 中国古代度量衡量值表:

| 时期 | 每尺折合现代<br>（厘米） | 每升折合现代<br>（毫升） | 每斤折合现代<br>（克） |
|---|---|---|---|
| 秦 | 23.1 | 200 | 253 |
| 西汉 | 23.1 | 200 | 250 |
| 新 | 23.1 | 200 | 245 |
| 东汉 | 23.1 | 200 | 220 |
| 三国 | 24.2 | 200 | 220 |
| 晋 | 24.2 | 200 | 220 |
| 南朝 | 24.7 | 200 | 220 |
| 北朝 | 25.6(前期)<br>30 (后期) | 300(前期)<br>600(后期) | 330(前期)<br>660(后期) |
| 隋 | 29.5 | 600 | 660 |
| 唐 | 30.6 | 600 | 662～672 |
| 宋 | 31.4 | 702 | 661 |
| 元 | 35 | 1003 | 610 |
| 明 | 32 | 1035 | 596.8 |
| 清 | 32 | 1035 | 596.8 |

数据来源: 丘光明、邱隆、杨平著:《中国科学技术史（度量衡卷）》,科学出版社, 2001 年版, 第 447 页。

2. 中国古代长度制度及古今换算:

长度制度

1 丈 =10 尺 =100 寸 =1000 分

1 尺 =10 寸 =100 分

1 寸 =10 分


古今换算秦、两汉：

1 丈 =231 厘米（现代）

1 尺 =23.1 厘米（现代）

1 寸 =2.31 厘米（现代）


其他各朝古今换算依中国古代度量衡量值表套算。


3. 中国古代容量制度及古今换算：

容量制度

1 斛 =10 斗 =100 升 =1000 合

1 斗 =10 升 =100 合

1 升 =10 合


古今换算（秦、两汉、三国、两晋）：

1 斛 =20000 毫升（现代）

1 斗 =2000 毫升（现代）

1 升 =200 毫升（现代）


其他各朝古今换算依中国古代度量衡量值表套算。


4. 中国古代重量制度及古今换算：

重量制度

1 石 =120 斤 =1920 两 =46080 铢

1 斤 =16 两 =384 铢

1 两 =24 铢

古今换算（战国晚期秦国及秦朝）：

1 石 =30360 克（现代）

1 斤 =253 克（现代）

1 两 =15.8125 克（现代）

1 铢 =0.6589 克（现代）

半两 =7.9063 克（现代）

古今换算（西汉）：

1 石 =30000 克（现代）

1 斤 =250 克（现代）

1 两 =15.6250 克（现代）

1 铢 =0.6510 克（现代）

半两 =7.8125 克（现代）

古今换算（莽新）：

1 石 =29400 克（现代）

1 斤 =245 克（现代）

1 两 =15.3125 克（现代）

1 铢 =0.6380 克（现代）

半两 =7.6563 克（现代）

古今换算（东汉、三国、两晋）：

1 石 =26400 克（现代）

1 斤 =220 克（现代）

1 两 =13.7500 克（现代）

1 铢 =0.5729 克（现代）

半两 =6.8750 克（现代）


其他各朝古今换算依中国古代度量衡量值表套算。


## 5. 测量粟谷时容量与重量的换算：

西汉时期

1 斛 =20000 毫升（现代）=13.5 公斤（对 20000 毫升粟谷的实测结果）=27 市斤

1 斗 =2.7 市斤（现代）


因为西汉时期：

1 石重量 =30 公斤（现代）=60 市斤（现代）

1 斛粟谷 =13.5 公斤（现代）=27 市斤（现代）

所以西汉时期：

1 斛粟谷（现代 13.5 公斤）÷1 石重量（现代 30 公斤）=0.45

即 1 斛粟谷的重量相当于 0.45 石的重量。

注：中国古代斛与石经常通用。上述分析，只是对西汉时期重量单位石与容量单位斛，两者各自测量粟谷情况的比较，可以作为参考。

6. 古今面积换算：

战国晚期秦国及秦朝：

1 布 =8 尺 ×2.5 尺

折合现代：

184.8 厘米 ×57.75 厘米 =1.06722 平方米


汉初期：

1 匹 =2.2 尺 ×40 尺

折合现代：

50.82 厘米 ×924 厘米 =4.695768 平方米


秦汉时期：

1 步 =6 尺（秦汉时期）=138.6 厘米（现代）注：抬足落足为步

折合现代：

1 平方步 =138.6 厘米 ×138.6 厘米 =19209.96 平方厘米 =1.920996 平方米


古制秦国以外、西汉武帝以前的西部地区

1 亩 =100 平方步

折合现代：0.288 亩


古制秦田、西汉武帝以前的东部地区、汉武帝以后统一

1 亩 =240 平方步

折合现代：0.692 亩